KB218276

존엄치료

존엄치료

소중한 사람에게 편지를 쓰자

Komori Yasunaga · Harvey Max Chochinov 공저

김유숙 역

학지사

Korean Translation Copyright ⓒ **2011** by Hakjisa Publisher, Inc.

"Dignity and the Eye of the Beholder" in Journal of Clinical Oncology 22(7)
by Harvey Max Chochinov
Copyrigh ⓒ 2004 American Society of Clinical Oncology
The Korean translation rights Published by arranged with
Harvey Max Chochinov

"Dignity-Conserving Care: A New Model for Palliative Care" in Journal of the
American Medical Association 287(17) by Harvey Max Chochinov
Copyright ⓒ 2002 American Medical Association
The Korean translation rights Published by arranged with
Harvey Max Chochinov

"Dignity Therapy: A Novel Psychotherapeutic Intervention for Patients Near the
End of Life" in Journal of Clinical Oncology 23(24) by Harvey Max Chochinov,
Thomas Hack, Thomas Hassard, Linda J. Kristjanson, Susan McClement, and
Mike Harlos
Copyright ⓒ 2005 by the American Society of Clinical Oncology
The Korean translation rights Published by arranged with
Harvey Max Chochinov

All rights reserved.

본 저작물의 한국어판 저작권은
Harvey Max Chochinov와의 독점계약으로 (주)학지사가 소유합니다.
저작권법에 의해 한국 내에서 보호를 받는 저작물이므로
무단 전재와 무단 복제를 금합니다.

이야기치료에서 편지나 문서는 자주 활용되는 치료기법이다. 이야기치료사인 엡스턴이 자신의 내담자들을 대상으로 조사한 결과에 의하면 편지는 4.5회기에 해당하는 치료적 효과가 있다고 할 정도다. 이것은 한 시간가량의 상담보다 상담이 끝난 후 면담과정에서 나눈 대화 이면에 있는 강점이나 탄력성을 중심으로 한 짧은 글이 4~5배의 치료적 의미를 가진다는 의미다. 나도 임상현장에서 편지나 문서를 자주 활용하는 치료자로서 문서나 편지는 내담자의 이야기를 풍부하게 할 뿐만 아니라 내담자가 자신의 삶을 재조명하는 과정에 몰입할 수 있도록 돕는다는 점에 동의한다. 그러나 얼마 전까지 나의 문서나 편지를 통해 삶을 풍부하게 하는 작업 범주에 임종을 앞둔 사람들은 들어 있지 않았다.

지난해 가을 일본에서 이야기치료의 워크숍을 왕성하게 하고 있는 정신과 의사 코모리 선생님을 서울여자대학교에 초청하기로 하고 준비하는 과정에서 처음 존엄치료를 알게 되었다. 코모리 선생님은 자신이 근무하는 병원의 완화치료 병동에서 암환자들에게 그들의 삶을 되돌아 볼 수 있는 9개의 질문을 한 후 그것을 문서로 남기는 작업을 돕고 있으며, 이 같은 경험은 곧 책으로 출간될 것이라고 했다. 난 이 이야기를 듣는 순간 한 치의 망설임도 없이 그 책을 번역하고 싶다는 뜻을 전했다. 선생님을 통해 들은 존엄치료에서 10년 전 내가 하고 싶었던 것이 무엇인지를 알 수 있었기 때문이다. 내게는 문학과 예술적 감각이 남다른 오빠가 있었다. 10년 전 오빠는 51세의 젊은 나이에 열두 살의 어린 아들을 남긴 채 췌장암으로 세상을 떠났다. 오빠는 생이 얼마 남지 않았다는 말을 듣자, 가장 먼저 병실에 노트북을 가져다 달라고 부탁했고 자신의 지난 시간을 정리하여 자녀들에게 남기고 싶어 했다. 물론 오빠는 신체적인 고통으로 자신의 이야기를 남기는 작업은 하지 못한 채 숨을 거뒀다. 코모리 선생님의 이야기를 듣는 순간 내가 만일 10년 전 존엄치료라는 걸 알았다면, 오빠는 자신이 살아온 이야기를 문서로 남기면서 생을 마무리할 수 있었을 것이며, 그것은 남겨진 자녀들에게도 소중한 유산이 되었을 것이라고 생각했다. 이처럼 이 책의 번역은 지극히 개인적인 동기에서 출발했다.

그러나 나의 이 같은 개인적 동기는 번역을 계기로 몇몇 암환자들을 만나며 변하기 시작했다. 호스피스병동에서 만난 한 부인을 기억한다. 문서작성을 하러 병실을 방문했을 때 어린아이처럼 기뻐하며 주위 사람들에게 나를 '존엄사'를 위해 온 분이라고 소개했다. 처음에는 죽음이라는 절망의 주제를 다루면서, 왜 이렇게 기뻐하는지 이해하지 못했다. 이야기를 나누면서 그분이 내가 자신의 삶에 관심을 가지고 있으며 내가 얼마나 그 이야기를 듣고 싶어 하는지를 알았기 때문이라고 생각했다. 그리고 그것은 그분이 자기다움을 유지하는 데 큰 힘이 된다는 점도 알 수 있었다. 존엄은 환자가 보다 안락한 환경에서 인간다움을 누리는 작업이 아니라, 그들의 이야기를 듣는 내 자신의 관점이라는 것을 깨달을 수 있었다. 번역을 시작할 때는 이 책이 말기 암환자와 가족들에게 '이런 방법도 있어요'라는 안내를 하고 싶다는 동기였다. 그러나 번역을 마치면서 내가 기대하는 것이 암환자를 바라보는 많은 사람들의 시각이 '절망에서 긍정으로' 변화했으면 하는 것이다. 결국 환자를 위한 작업이 아니라, 우리를 위한 작업임을 깨닫게 되었다.

이 책을 마무리하면서 감사하고 싶은 많은 분들이 떠오른다. 먼저, 제목만 듣고 출판을 허락해 주신 학지사 김진환 사장님과 섬세한 교정으로 읽기 좋은 책으로 거듭나게 해 준 편집부 이세희 차장님께 감사를 드린다. 그리고 서울여대 윤소록 양과 지금은 이 책의 원고를 함께 읽어 줄 만큼 성장한 조카 김지모에게도 감사의 뜻을 전한다. 그러나 무엇보다 생동감 있는 번역을 할 수 있도록 많은 경험을 나누어 준, 그동안 내가 만난 암환자분들에게 감사하는 마음이다.

2011년 5월 1일
김유숙

이 책의 집필 동기는 아주 간단하다. 말기 암환자들을 위한 유익한 정신치료적 접근이 여기 있다. 그러나 일본에서는 아직 죽음에 관해 언급하는 것을 금기시하는 경향이 많다. 따라서 완화치료 제공자는 그와 같은 사회적 분위기를 민감하게 느끼면서 중간에서 환자들에게 제대로 말하지 못하는 경우가 많다. 이때 어떤 과정을 통해 남겨지는 문서가 있다면 모든 이의 마음에 감명을 줄 수 있다고 생각한다. 그렇다면 우리는 그런 작업을 위해 무엇을 해야 할 것인가? 우선 삶과 죽음의 기로에 서 있는 환자에게 이와 같은 프로그램이 있다는 사실을 널리 유포할 수 있다면 도움이 될 수 있다고 판단했다. 이런 프로그램을 알릴 수 있는 기회만 가진다면, 암환자들 중에는 스스로 존엄치료에 도전해 보겠다고 결심하고 완화치료 제공자인 우리를 찾아오는 사람도 늘어날 것이라고 생각한다. 이렇게 본다면 이 책의 출판 자체가 임상적 개입인 셈이다.

내가 존엄치료에 대해 알게 된 것은 2006년 5월 25일이다. 내가 이 같은 사실을 선명하게 기억할 수 있는 것은 그날이 나고야 시립대학교 정신과의 아케치 다스오(明智龍男) 교수로부터 초치노프(Chochinov)의 논문을 인터넷으로 받은 날이기 때문이다. 나는 그 다음 주 내가 근무하는 병원에서 이 치료를 환자에게 곧 실시했다(제4장). 다음 해 2월 3일에는 히노하라 시게아키(日野原重明) 선생님을 중심으로 한 피스하우스 병원의 워크숍에서 초치노프 박사를 만났고,[1] 그다음 해 7월 5일에는 쿠리하라 유키에(栗原幸江) 선생님의 권유로 일본 완화의료학회에서 오찬 세미나의 진행을 맡기도 했다.[2] 물론 그 와중에도 아케치 교수가 이끄는 연구 모임에 꾸준히 참석하면서 존엄치료에 대한 지속적인 연구를 했다. 그야말로 어떤 하나가 나를 다른 세계로 이끌었던 것이다.

2010년 봄에 존엄치료의 개발자인 초치노프 박사에게 이 책의 출판에 대한 협조를 의뢰하는 메일을 보내었고, 그는 흔쾌히 승낙해 주었다. 제1부에서 박사의 존엄치료에 대한 대표적인 논문 3편을 내가 번역했고, 제2부에는 나와 환자가 함께 쓴 문서 중 환자 생전에 일반 공개를 승인받은 것과 유족으로부터 게재 허가를 받은 것을 수록했다. 출판에 이르기까지 곤고출판사 다테이시 마사노부(立石正信) 사장님의 후원이 컸으며 편집부 이토 와타루(伊藤渉) 선생님의 도움을 얻었다. 또한 서울여자대학교 김유숙 교수님이 이 책을 번역하여 5월에는 한국에서도 출간될 예정이다. 이 모든 과정에 도움을 주신 분들께 감사를 드리고 싶다.

이 책을 읽게 되는 독자 중 많은 이들이 존엄치료가 유익하다는 점에 공감하여 그 자신 또는 가족들이 소중한 사람의 마지막을 배웅할 때 이 프로그램에 도전할 수 있게 되기를 진심으로 바란다. 또한 제1부와 제2부의 Q &A 는 존엄치료를 실시해 본 경험이 없는 완화치료 제공자들에게는 입문서[3]를 대신할 수 있다고 생각한다.

2010년 9월

코모리 야스나가

---

1) 小森康永 'エンドオブライフケアと尊厳' 教育医療, 33(3): 6-7, 2007.

2) 小森康永 'チョチノフ教授, 医療に携わる専門家としての心得を語る' 『緩和ケアと時間』 183-191, 金剛出版, 2010.

3) Chochinov, HM: *A Handbook on Dignity Therapy*. Oxford University Publishing (in press).

차 례

제2부 일본에서의 존엄치료

서 론

플라나리 오코너의 실상은 그녀 자신이 그려내었다고 해도 좋을 것이다. 그것은 편지 속에 표현된다. 언어에 의한 자화상이다. 그녀의 문장에 의한 자화상은 적어도 나에게는 매우 뚜렷한 미소를 띠고 있다. 기계적인 카메라는 플라나리의 얼굴에 드러난 병에 지친 흔적을 그대로 기록했다. 하지만 그녀의 편지는 그와 같은 흔적을 완전히 지워 버린다. 그것은 미용상의 문제가 아니며 내면에 있는 무언가까지 모두 없앨 수 있다. 또한 자기 몸의 심각한 상태를 언급하는 대수롭지 않은 듯한 어투는 어떤 칭찬의 말과도 비교할 수 없을 만큼 그녀를 우쭐하게 만들었다.

– 사리 피츠제럴드, 1979

삶이 얼마 남지 않았음을 선고받은 후에(혹은 넌지시 그 시기를 헤아렸을 때) 하루하루를 어떻게 보낼 것인지 혹은 새삼 무엇을 할지에 대한 문제는 당사자 자신도 괴로울뿐더러 가족을 비롯한 주위 사람들에게도 안타까운 문제다. 그것은 결코 그때 그곳에서 무엇을 공유할 수 있는지가 유족 체험을 상당히 좌우할 수 있다는 임상적 문제라는 점 때문만은 아니다.

이러한 상황에서 분명한 도움을 제시할 수 있는 것이 이 책에서 소개하는 존엄치료다. '당신이 죽어도 당신의 메시지가 살아서 계속될 수 있기에 남겨진 사람들은 마음의 평안을 얻을 것이고, 당신도 문장을 만들면서 편안한 안정감을 얻을 수 있을 것'이라는 지극히 단순한 논리다. "일반적으로 행복한 가정은 모두 비슷하지만, 불행한 가정은 저마다 다른 불행을 가지고 있다."는 『안나 카레리나』의 서두는 서구의 가족치료 교과서에 자주 인용된다. 같은 맥락에서 존엄치료의 문서(그 내용뿐만 아니라 그것을 둘러싼 가족 상황의 인식을 포함해)는 건강한 개인의 다양성을 이해하는 데 있어 치료자에게 시사하는 바가 상당히 크다. 또한 소진된 상태에 있는 원조자에게는 치료적 의미도 있을 것이다.

시간감각으로부터 본 말기에서의 정신치료적 원조

삶과 죽음의 기로에 있는 사람을 위한 원조는 극히 최근까지 종교, 특히 기독교의 몫이었다(대조적으로 일본의 경우는 불교에서 유족에 대해 통과의례적으로 체계적인 돌봄이 이루어지고 있다.). '완화치료 병동'과 '호스피스'라는 단어가 혼용되고 있는 것도 그 때문이다. 여기에서는 직종을 불문하고 사람들이 공유하는 시간감각에

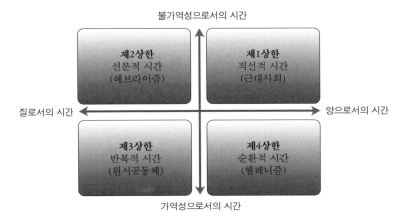

불가역성으로서의 시간

| 제2상한
선분적 시간
(헤브라이즘) | 제1상한
직선적 시간
(근대사회) |

질로서의 시간 ←————————→ 양으로서의 시간

| 제3상한
반복적 시간
(원시공동체) | 제4상한
순환적 시간
(헬레니즘) |

가역성으로서의 시간

[그림 1] 네 가지 기본적 시간 형태(真木, 1981)

의해서 이와 같은 원조에 대해 살펴보자.

마키(真木, 1981)에 의하면, 시간은 가역적인가 불가역적인가, 양적인가 질적인가에 따라 네 가지 기본적 시간 형태로 분류된다 ([그림 1] 참조).

죽음의 공포에 대처하는 방법은 당사자의 시간감각에 따라서 이해할 수 있다고 본다. 예를 들면, (제2상한에 있는) 사후 세계를 가정하는 선분적 시간이 공유되고 있다면(천국과 극락을 가정하는) 종교적 도움이, 그리고(제4상한에 있는) 순환적 시간을 공유하고 있다면 윤회사상이 도움이 될지도 모른다. 또한 현대 일본인의 임종에서는 호흡, 수면 그리고 고통의 소멸로 상징되는(제3상한에 있는) 반복적 시간의 존중으로 시간감각 자체가 유도되는 경우가 많다(〈표 1〉 참조)(小森, 2010).

반복적 "시간은 지속하지 않는 그 무엇, 되풀이되는 역전의 반

〈표 1〉 완화치료에서의 시간감각(小森, 2010)

	생물학적 시점	심리학적 시점	사회학적 시점	실존적 시점	치료적 시간감각 공유
적응장애	×	○	○	×	A → A
우울증	○	○	○	×	A → A/B
선망	◉	×	×	×	C → B
말기	×	×	×	◉	A → A

〈표 2〉 맥타가드의 시간감각*

	순서	방향성	시제	일정한 간격
A계열의 시간 (주관적)	○	○	○	×
B계열의 시간 (객관적)	○	○	×	○
C계열의 시간 (정리된 시간)	○	×	×	○

복, 반대극을 자극하는 것의 연속으로서 경험된다. 즉, 밤과 낮, 겨울과 여름, 가뭄과 홍수, 늙음과 젊음, 생과 사의 상태인 것이다. 이러한 도식에서 과거는 어떤 '깊이'를 가지는 것이 아니다. 모든 과거는 그저 동일한 과거일 뿐이다."(Leach, 1961)

그러나 현대인의 상당수는 직선적 시간을 공유하고 있기 때문에

---

* 역자 주: 맥타가드(McTaggart)라는 철학자에 의하면 A계열의 시간은 항상 '현재' 라는 시점에 의존하는 주관적인 시간이며, B계열의 시간은 역사적 연표와 같은 객관적인 시간이다. 그리고 배열에서만 존재하는 시간이라고 부르기 힘든 시간을 C계열의 시간으로 분류했다.

출처: McTaggart JME: The unreality of Time. *Mind, Vol.17*, NO. 68, pp. 457-474, 1908.

위와 같은 내용이 도움이 되지 않는 경우도 있다(반복적 시간을 존중하는 것은 임종기에 한정된다.). 이런 경우 어디까지나 직선적 시간감각에 머물면서 원조를 구상한다.

존엄치료와 회상법

이야기치료사인 헤트케와 윈슬레이드(Hedtke & Winslade, 2004)가 말기 암환자의 치료에서 사용했던 것은 회원 재구성(remembering)이다. 회원 재구성은 죽음이 사정거리에 들어왔을 때나 사후에 가족 등 사랑하는 사람들이 함께 죽음을 앞둔 사람에 대한 추억을 일깨워 가는 대화를 중요시한다. 상징적인 의미로는 죽지 않고 영원히 사는 것을 이루기 위한 대화라고도 할 수 있다.

회원 재구성은 이중 의미를 연상시키는 그 명칭에서도 알 수 있듯이 인생을 클럽에 비유하는 것으로, 사람들은 자신에게 중요한 인물을 자유롭게 떠올리면서 자신의 클럽에 다시 회원으로 추가하는 것이 가능하다고 가정한다. 그것은 이야기치료(Morgan, 2000)의 후반부에 대안적 스토리의 역사를 풍부하게 기술하는 전형적인 대화다(〈표 3〉 참조).

내담자가 최근 새롭게 경험한 성공적인 사실에 대해 말할 때, 상담자는 "당신이 이렇게 말하는 것을 듣고 놀라지 않는 사람이 있습니까?"라고 질문한다. 만약 내담자가 '그렇다'고 대답한다면 그 사람이 내담자에 대해 무엇을 알고 있는지를 질문한다. 그리고 '아니다', 즉 누구나 놀란다고 한다면 그 에피소드는 새롭게 성취된

〈표 3〉 이야기치료의 대화(Morgan, 2000)

지배적인 이야기를 탈구축한다	대안적 이야기를 두텁게 한다
• 외재화하는 대화 • 문제의 역사를 명확히 함 • 문제의 영향을 명확히 함 • 독특한 결과를 발견함 • 독특한 결과의 역사와 의미를 확장하는 것과 대안적 이야기에 이름 붙이는 것	• 회원 재구성의 대화 • 치료적 문서의 활용 • 치료적 편지 • 의식과 축하의식 • 대화를 넓힘 • 외부 증인과 정의 예식

것으로 주목을 받는다(이전에 '치료적 이중 구속'이라 언급한 것과 유사하다.). 어떤 대답을 하더라도 치료적이지만, 전자의 질문을 통해 내담자의 인생에 있어 중요한 인물을 생각해 내게 하여 인생의 회원으로서 재인식하도록 하는 것은 내담자의 인생에 보다 큰 의미를 가져올 수 있다.

헤트케와 윈슬레이드는 임종을 앞둔 사람과의 치료적 대화에서 ① 기억될 일의 예측, ② 청중의 선택, ③ 의식의 회원 재구성, ④ 죽음에 대한 이야기를 할 것, ⑤ 세대를 초월한 회원의 확대의 다섯 가지 측면을 제시하고 강조한다. 예를 들면, '기억될 일의 예측'에서는 임종을 앞둔 사람의 인생의 하이라이트를 이야기하여 남겨야 할 것으로 명확히 한다. 그리고 그것을 가치 있는 것으로서 유족이 입에서 입으로 전하는 방법에 대해 서로 이야기하는 것이 큰 위로가 될 것이다. 앞으로도 계속 기술하겠지만, 이것은 분명 존엄치료다.

예를 들면, 남은 인생이 반 년밖에 남지 않은 환자의 인생에서 가장 중요한 것이 '신앙'이라면 환자에게 어떤 질문을 할 것인가?

헤트케라면 다음과 같은 질문을 했을 것이다(문장 끝의 숫자는 헤트케가 제시한 위의 측면을 나타낸 것이다.).

- 당신이 신앙으로부터 배운 것을 가족이 잊지 않도록 하는 데 도움을 줄 사람으로 누가 있습니까? ②
- 당신이 하고 있던 것은 누가 어떻게 이어 줄까요? ②
- 당신을 떠올리기 위해서 어떤 의식이 계속될 수 있다면 좋겠다고 생각합니까? ③
- 당신이 어떻게 죽음에 임했는지를 사랑하는 사람에게 어떤 식으로 말하면 좋겠습니까? ④
- 당신이 병마와 함께하는 동안 가족이 어떤 점을 자랑스럽게 여겼으면 좋겠습니까? ④
- 당신의 최후를 어떻게 기억해 주었으면 좋겠습니까? ④
- 죽음에 이르렀을 때 가족이 당신의 죽음이라는 이야기가 도움이 되기를 바랍니까? 그들이 무엇을 배웠으면 좋겠습니까? ④
- 앞으로 태어날 세대의 사람들에게 당신의 이야기를 어떤 식으로 말하면 좋겠습니까? ⑤

이러한 질문에 답해 감에 따라 환자의 존엄성은 향상될 것이며, 동시에 환자는 자신이 사랑하는 가족에게 무엇인가를 남길 수 있다는 점을 실감하게 될 것이다.

한편 회상법은 버틀러(Butler, 1963)의 삶의 재조명(life review)에 근거하고 있다. '고령자가 인생을 회고하는 것은 자연스러운 행위로, 삶의 통합에 기여하며 심리적인 면에서도 좋은 효과가 있다.' 는 근거로 하이트(Haight, 1988)에 의해서 말기 환자에게도 적용되었던 것이다. 이 경우에는 개별적으로 인생 전반에 걸쳐서 좋았던 일과 나빴던 일 모두를 회상하게 한다. 중도 탈락률을 줄이기 위해서 단기로도 시행할 수 있도록 했으나, 질문 항목은 존엄치료와 유사하게 '인생에서 소중하다고 생각하는 것' '인생에서 인상에 남는 추억' '인생의 분기점' '인생에서의 자랑거리' '인생에서의 역할' 등이 있다. 그러나 존엄치료와는 달리 문서는 요약의 형태로 남긴다. 또한 에릭슨(Erikson)의 발달과업이 그 배경적 이론이다.

존엄치료

말기 환자에게 가장 중시되는 것은 존엄(dignity)이다. 사람들에게 존엄이라는 단어가 무엇을 의미하는지에 대해 다시 한 번 들여다보면서 오랜 시간 연구를 계속하고 있는 이가 캐나다 위니펙에 있는 마니토바 대학교의 정신과 교수 초치노프 박사다. 이런 과정을 통해 그는 바로 존엄을 포함한 접근인 존엄치료를 고안한 것이다(Chochinov et al., 2005, 제3장). 그것은 말기 암환자가 지금까지의 인생을 되돌아보고, 자신에게 가장 소중한 것을 분명히 하거나 주위 사람들이 먼저 기억해 주길 바라는 부분에 대해 이야기할 기회를 제공하는 것이다.

구체적으로 환자는 박스로 정리된 9개의 질문을 건네받아 2, 3일에 걸쳐 어떻게 대답할 것인가를 정리해 본다. 이러한 질문은 그의 선행 연구 『존엄을 지키는 케어』(Chochinov, 2002, 제2장)에서의 '존엄을 지키는 시점' 에 따른 질문으로부터 완성되었다. 환자는 면접자를 상대로 질문지에 따라 사랑하는 가족이나 친구에게 남겨 두고 싶은 것을 말한다. 그것은 녹음이 되며, 면접자는 축어록을 기초로 문서를 작성한다. 문서는 나중에 그 환자 앞에서 읽어 주어 내용을 확인한 후, 우편으로나 직접 환자에게 전하게 된다. 일주일 정도로 끝낼 수 있는 간편한 접근이다. 존엄치료가 환자나 가족에게 미치는 구체적인 영향에 대해서는 제1장의 J씨 부부(Chochinov, 2004)와 제9장의 F씨 어머니의 언급을 참조하기 바란다.

캐나다와 오스트레일리아에서의 100명의 존엄치료 결과(제3장)에서든, 참가자의 91%가 존엄치료에 만족한 것으로 보고되었다. 76%가 존엄의 상승을, 68%는 목적유지 감각의 상승을, 67%는 유의미한 감정의 상승을, 그리고 47%는 살 의지의 고조를 보고했다. 더욱이 81%는 존엄치료가 가족에게도 도움이 되었다 또는 될 것이다라고 보고하였다. 개입 후에는 고뇌가 현저하게 개선되었으며 불쾌한 증상도 개선되었음을 인정했는데, 이에 대한 자세한 것은 초치노프의 논문을 참조하기 바란다.

편지로서의 존엄치료

여기에서는 회상법과 존엄치료에 대하여 원래의 문학 장르인 자서전[1]과 편지를 비교 참조했으며, 더불어 (투병) 일기[2]도 포함하여 고찰하고자 한다.

이시카와(石川, 1997)에 의하면, 자서전은 그것을 쓴 동기에 따라 '나'를 묻는 자서전과 '시간'을 묻는 자서전의 둘로 나뉘며, 각각은 시간성 없음, 시간의 고찰 없음, 시간의 현기증에 국한, 시간의 계시, 회상이라는 내용에 따라 다섯 가지로 나뉜다(〈표 4〉 참조).

상세한 내용 설명은 생략하지만, 앞서 언급한 자서전, 일기, 편지라는 형식은 엄밀히 말해 로마네스코 자서전, 일기 그리고 자기 묘사적 편지가 된다(〈표 5〉 참조).

〈표 4〉 자서전 분류(石川, 1997)

내용/동기	'나'를 묻는 자서전	일기	'시간'을 묻는 자서전
시간성 없음	자기 묘사	×	×
시간의 고찰 없음	로마네스크 자서전 1	○	크리프트적 자서전 1
시간의 현기증	로마네스크 자서전 2	○	크리프트적 자서전 2
시간의 계시	×	×	장례를 끝낸 자서전
회상	×	×	로마네스크 자서전

〈표 5〉 로마네스크 자서전, 일기, 자기 묘사적 편지의 비교(小森, 2010)

	로마네스크 자서전	일기	자기 묘사적 편지
작품 예	루소, 『고백』	타케미츠 토오루, 『사운드 가든』, 방광암 자기 혹은 시간 탐구	오코너 『존재하는 것의 습관』
동기	자기 탐구	종결 없음	자기 탐구, 전달
내용	연대순, 회상 (reminiscence)	종결 없음	'시작'도 '끝'도 없음 시간성 없음 자기의 복수성
시간감각	과거를 현재로	현재를 미래로	과거를 현재로, 현재를 미래로
수신	일반 독자	자신	가족 등
임상 응용	회상법	투병일기	존엄치료

회상법과 존엄치료를 비교해 보면, 먼저 그 내용에 큰 차이가 있다. 전자가 연대별로 쓰이며 바람직한 회상에 의해 과거를 행복하게 향수하는 것을 기대하는 데 반해, 후자는 거기에 이야기로서의 '시작'도 '끝'도 없고 시간성도 없지만 자기를 복수로 제시할 수 있다는 이점이 있다.

　　두 번째 차이는 어떠한 시간구조를 가지고 있는가라는 점이다. 회상법에서는 과거의 사건을 현재에서 회상하는 데 반해, 일기에서는 (그날이라고 하는) 현재의 사건을 미래에 자신이 다시 읽는 것을 상정하며 쓴다. 이에 비해 존엄치료의 문서에서는 단지 자신의 과거를 되돌아보는 것에 그치는 것이 아니라 그 사람의 삶이라는 과거를 미래에 사랑하는 사람들이 다시 생각하도록 배려하는 것이다. 자서전이나 일기를 비교해 보면 상당히 뒤얽힌 시간감각이 요구된다.

　　세 번째 차이는 이것이 누구를 향해 쓰이는가라는 점이다. 자서전이 일반 독자, 일기(기본적으로 공개를 전제로 하지 않는)는 자신을 향하고 있는 것에 비해, 편지는 특정한 타인을 겨냥하고 있다. 특정 타인을 행선지로 한다는 점은 곧 답장을 기대한다는 것이다. 따라서 거기에는 쓰면 그만이라는 안이함은 없다.

　　이처럼 회상법과 존엄치료를 자서전(일기라는 형식도 포함)으로서 음미해 보면, 과거를 미래로 향해 특정 상대방에게 이야기하는 존엄치료의 어려움을 다소나마 알 수 있을 것이다. 그렇기 때문에 존엄치료에는 질문을 미리 준비하고 녹음을 하여 축어록으로 정리하고 다시 편집할 때까지 누군가의 도움이 필요하다. 이러한 전문가의 도움 없이 존엄치료의 수준으로 자신의 인생을 돌아보는 것은 쉽지 않다.

마지막으로 무라카미 하루키(村上春樹)가 사린 피해자를 인터뷰한 것을 다룬 『언더그라운드』에 대해 기술한 것을 일부 인용하며 이 글을 마치고자 한다.

> 이야기한 것도 일반 독자가 편안하게 흥미를 가지고 읽을 수 있는 문장을 만들기 위해서 이곳저곳을 첨삭했다. 문장을 바꾸거나 어떤 것을 삭제하거나 다른 곳에서 가지고 온 것을 끼워 넣기도 한 엄밀한 몽타주의 작업이었다. 흥미로웠던 것은 그처럼 철저하게 손을 봐서 만들어진 원고를 확인하기 위해 이야기를 해 준 대상에게 "이렇게 표현해도 괜찮나요?" 하면서 보여 주면 대부분 "네, 전부 제가 한 말이군요. 그대로 좋아요."라고 바로 대답했다는 것이다. 지금 다시 읽어 봐도 눈물이 난다. 이게 내 문장이라는 것보다 거기에 있던 사람들의 목소리에 공감하기 때문에 눈물을 멈출 수가 없다. 운다고 좋을 것은 없겠지만, 그것이 적어도 여기에서 하나의 달성이 아닐까 생각하고 있다.

> – 무라카미 하루키, 2009

 미주

1) 현대의 자서전의 원형을 만들어 낸 것은 루소다(中川, 1979). 절묘하게도 루소는 『고백』이라는 자서전과 『고독한 산책자의 몽상』이라는 일기에 가까운 자서전이 있다. 나카가와에 의하면 자서전을 구성하는 시간에는 세 가지가 있다. 과거에서 현재로 향하는 시간, 현재에서 과거로 거슬러 올라가는 시간(즉, 현재 시점에 서

있는 화자인 루소가 주요 인물인 루소의 사건에 의미를 부여하는 시간), 그리고
이 두 가지가 서로 역방향을 향해 흐르는 시간 속에 화자와 주요 인물을 통합한
작가 루소의 영원의 현재(직접법의 현재)가 있다. 이것이야말로 자서전 집필의 목
적인 셈이다. 최근 문학의 영역에서는 '자서전'이 상당한 주목을 받고 있다. 임상
과 상호작용하면서 충분히 발전할 수 있는 여지도 있다. 그 예로 『언어사회』특집
'자서전, 오토 픽션, 삶을 다시 쓴다' (2009)를 참조하라.

2) 위키피디아 사전에 의하면 일기는 후한의 학자 왕이 '논충'에 의한 자료로서 일
기라는 용어를 사용한 것이 최초이지만, 실제적으로는 그 후 천 년 이상 지난 송
나라 이후에야 일기작품이 출현하였다. 유럽에서도 일기는 종이가 유포된 이래
등장한 것이기에, 이탈리아에서는 12세기, 프랑스와 독일에서는 14세기에 이르
러 일기를 쓰게 되었다. 영국에서 diary라는 단어가 생긴 것은 1581년이다. 그런
데 일본에서는 그 역사가 오래되어 아키노 하카토코(伊吉博德)에 의한 것이 가장
오래된 개인 일기로 일컬어지고 있다. 일기는 헤이안(平安) 시대 전기부터 성행
했다. 특히 10세기 중기 이후에는 천황이나 조정에서 일하는 귀족과 관리에 의한
것이 되었으며, 이어서 승려의 일기가, 그리고 가마쿠라(鎌倉)시대에는 무사 집
안의 일기가 번창하였다. 일본인의 일기를 연구한 킨(キーン, 1984, 1988)은, "일
기를 쓰는 행위가 일본의 전통 속에 너무나도 확고한 지위를 차지하고 있다."라고
밝혔다. 2008년 당시 블로그는 세계에서 7,000만 건이 넘는데, 그중 1/3 이상이
일본인에 의한 것이다.

 참고문헌

Butler RN: The life review: An interpretation of reminiscence in the
　　　aged. *Psychiatry* 26: 65-76, 1963.
Chochinov HM: Dignity Conserving Care: A New Model for Palliative
　　　Care. *JAMA* 287: 2253-2260, 2002(本書 第2章)
Chochinov HM: Dignity and the eye of the beholder. *J Clin Oncol* 22:
　　　1336-1340, 2004(本書 第1章)
Chochinov HM, et al: Dignity Therapy: A Novel Psychotherapeutic
　　　Intervention for Patients Near the End of Life. *J Clin Oncol* 23:

5520-5525, 2005(本書 第3章)

Haight BK: The therapeutic role of a structured life review process in homebound elderly subjects. *Journal of Gerontology* 43: 40-44, 1988.

Hedtke L, Winslade J: *Re-membering Lives: Conversations with the dying and the bereaved.* Baywood Publishing Company, Inc. Amityville, New York, 2004.（小森康永, 石井千賀子, 奥野光 訳『人生のリ・メンバリング―死にゆく人と遣される人との会話』金剛出版, 2005）

小森康永『緩和ケアと時間』金剛出版, 2010.

ドナルド・キーン（金關壽夫 訳）『百代の過客―日記にみる日本人』朝日新聞社, 1984.

ドナルド・キーン（金關壽夫 訳）続 百代の過客―日記にみる日本人』朝日新聞社, 1988.

真木悠介『時間の比較社会学』岩波書店, 1981.

村上春樹 '成長'を目指して, 成しつづけて *monkey business, 2009,* Spring vol. 5.

中井亞佐子『他者の自伝』研究社, 2009.

中川久定『自伝の文学, ルソーとスタンダール』岩波新書, 1979.

Leach ER: *Rethinking Anthropology.* Burg Pub Ltd, 1961.（青木保, 井上兼行 訳『人類学再考』思索社, 1974）

Толстой, ЛН: АннаКаренина, 1887.（北御門二郎 訳『アンナ・カレ｜ニナ』東海大学出版会 , 1979）

제1부

캐나다에서의
존엄치료

01
존엄과 보는 사람의 눈*

사 례

　J씨는 소화기암 말기의 67세 남성이다. 이제 더 이상 살고 싶지 않다고 결심하여 단식을 시작했으며, 그 결과 제3기 완화치료 병동에 입원하게 되었다. 그의 말에 따르면 사소한 불쾌감을 제외하면 증상 관리는 꽤 양호했다. 그러나 죽고 싶다는 그의 바람이 우울증과 관련 있는 것은 아닐지 파악하기 위해 정신과 상담을 시작했다. 분명한 자살 욕구가 있는 것은 아니며 실제로 죽고 싶다는 바람도 양가적이긴 했지만, 그는 "만약 내가 유럽에 살고 있어서 지금 생을 마감할 수 있는 버튼을 누를 수 있다면……" 이라고 말하곤 했

* Chochinov HM: Dignity and the eye of the beholder. *J Clin Oncol* 22:1336–1340, 2004.

다. 주의 깊은 평가에 의하면, 죽음에 대한 욕구 배후에 있는 근원은 우울증이라기보다는 인생이 아무런 목적이나 의미, 희망조차 없다는 느낌과 관련이 있다고 판단되었다. 인생의 다양한 즐거움에 참가하고 싶다는 바람이 없는 것은 아니지만 그렇게 하기에는 너무 쇠약해져 있으며 병도 많이 진행되었다고 한탄했다. 그리고 무엇보다도 그는 매일 같은 생활을 반복하고 있어서 인생은 가치가 없으며, 따라서 더 이상 삶을 지속해야 할 이유도 없다고 확신했다.

그 고통이 주로 실존적 영역과 관련 있거나 혹은 쉽게 처방할 수 있는 정신약리적 약물이나 진통제가 효과가 없는 경우라면, 우리는 환자에게 어떻게 평안을 제공할 수 있을까? 이러한 문제는 지금까지 대부분 종교적 치료 영역으로 간주되어 그 영역의 전문가의 전문적 기술에 의존해 왔다. 그러나 최근에는 특히 죽음을 앞둔 환자와 관련하여 의사들이 심리사회적, 실존적 또는 정신적 고통에 대해서도 적용을 확대하려는 움직임이 증가하고 있다.[1]~[3] 우울증이나 정신장애라고 진단되지 않는 경우라면 치료적 선택이나 공식화된 접근이 그다지 많지 않아 종양학 치료자는 어찌할 바를 몰라 한다. 또한 생의 마감이라는 측면에 대한 절망감은 어쩌면 죽음의 과정 자체에 내재하는 것일지도 모른다. 만약 그러한 고뇌가 주로 신경생화학적 이상이 아니라 오히려 희망과 의미 그리고 자기 가치의 빈약함을 반영하는 것이라면, 이러한 삶을 유지하기 위해서는 어떤 보호와 촉진이 가능할 것인가? 그리고 만약 의미와 희망 그리고 자기 가치의 상실이 그러한 절망의 본질이라고 한다면, 그것은 완화치료 제공자에 대하여 무엇을 전하는 것일까?

죽고 싶다는 기분

죽고 싶다는 기분 또는 삶에 대한 의지 상실이라는 표현은 종종 안락사나 자살 방조의 요구와 동의어인 것처럼 오해받는다. 그러나 병이 진행되고 있다는 맥락에서 본다면 죽음의 욕구는 연속선상에 있다고 하기에 충분한 근거가 있다. 죽음의 욕구의 극단에는 자살 기도 및 죽을 의사를 향한 탐닉이 있다. 그러나 그보다 훨씬 많은 경우에 환자들은 암이라는 병의 진행과정 중에 '만약 이튿날 아침 깨어나지 않는다면 그것이 이미 인생이 제공해 줄 것 같지도 않은 평안이나 혹은 괴로움으로부터의 도피를 줄 것이다.'라고 생각하게 된다.[4], [5] 사람들은 아픔과 장애, 역할의 변화, 거듭되는 상실 그리고 벗어날 수 없음에 실망한다. 우울증, 증상이 잘 통제되지 않는 것 그리고 적절한 지원 결여에 직면하면 이러한 생각은 환자를 더욱 압도한다. 그와는 반대로 적절한 완화 조치나 지원체계가 주어진다면 죽고 싶다는 기분은 극적으로 사라진다.[4]~[10]

최근 10년 사이에 죽음을 바랄 정도로 고뇌하는 환자의 실상을 밝히기 위한 다양한 연구가 시도되어 왔다.[4]~[9], [11], [12] 이러한 연구의 사회정책에 대한 영향과 함께, 질 높은 말기 케어를 제공하려고 시도하는 임상가들의 역할도 중요하다. 이와 관련된 문헌에 의하면, 끊임없이 죽고 싶다는 기분을 표현하는 환자는 다양한 신체 증상(특히 동통, 호흡곤란, 권태감), 심리적 증상(특히 우울증), 사회 지원의 결여, 다양한 실존적 고뇌(특히 다른 사람의 무거운 짐이 된 것은 아닌지 하는 걱정), 통제의 상실, 희망의 상실 그리고 앞으로 그들의 고뇌는 더해 갈 뿐이라는 전반적 걱정으로 인해 무거운 짐을 등에 지고 있는 사람들이다.

그런데 희망 없는 예후에 직면하면서 희망을 가지지 못한다는 것은 어떤 것일까? 몇몇 연구에 의하면 희망의 상실은 말기로 접어든 환자의 경우 우울증의 강력한 예측인자이며, 일반적으로 우울증 진단기준을 충족시키는 환자에게서 더욱 두드러지고 있다.[13]~[15] 우울증이 죽음을 앞둔 소수의 환자(10~25%; 이 수치는 연구에 어느 진단 기준이 어떻게 이용되었는지에 따라 다르다.)에게 존재하지만, 희망의 상실이나 우울증은 죽음에 가까운 대부분의 개인들의 경험을 정의하는 것은 아니다.[16] 만약 희망의 상실이 예후에 대한 기대에 근거하지 않은 것이라면 그것을 어떻게 이해해야 하는가?

말기 질환에서의 존엄

병이 진행되어 환자에게 희망에 관한 물음을 더 이상 하지 못하게 되는 지경에 이르면, 우리는 존엄 안에서 생을 마감하는 것이 무엇을 의미하는가에 대해 폭넓은 관심을 가져야 할 것이다. 몇몇 연구에 의하면, 말기에 들어서면 존엄의 상실과 죽고 싶다는 기분 사이에는 상관관계가 있다. 네덜란드의 일부 연구 보고에서 의사들은 환자들이 죽음을 앞당겨 줄 수 있는 도움을 요구하거나 그것을 받아들이는 이유로 존엄의 상실을 가장 많이 드는 것으로 나타났다.[11] 그러나 존엄의 주제는 광범위하게 연구되지 않았으며, 사회 정책이나 철학적 또는 종교적 배려라는 맥락에서 부각되는 완화치료에서만 제한적으로 다루어졌다. 따라서 많은 케어 제공자들이 말기에 존엄을 유지하는 케어의 제공이라는 개념을 언급만 할 뿐, 질 높은 말기 케어에 관한 객관적 기준으로서의 존엄 유지를 구체적인 목표로 삼는 이들은 거의 없다.

과거 5년간, 죽음을 앞둔 사람의 존엄 문제에 관한 연구가 몇 편 발표되었다.[17-19] 그중의 하나는 앞으로 생존할 수 있는 시간이 6개월 이내인 말기 암 환자 213명 집단에게 존엄감을 수치로 표현하도록 한 연구다.[17] 그들 중 불과 16명(7.5%)만이 존엄 상실이 중대한 걱정이라고 언급하지 않았다. 대부분의 환자는 상당한 강도의 동통, 삶의 질 저하, 소화기 기능의 곤란, 의존할 수밖에 없는 도움(입욕, 착의, 실금)의 증가, 죽고 싶은 기분 증가, 우울증, 희망의 상실 그리고 불안을 쉽게 느끼고 있었다. 이 보고에서는 외양의 문제가 개인의 존엄감과 크게 관련되어 있음을 시사하고 있다. 말기 환자에게 외양의 문제는 단순한 외모의 문제를 넘어서 스스로가 다른 사람에게 어떻게 보이고 있는가라는 자기 인식의 문제를 포함하는 것이다.

J씨는 말기 소화기 암으로 이 진단에 관련된 대부분의 의학적 문제를 안고 있었다. 그렇지만 그러한 범주에서만 그를 이해하는 것은 그의 핵심을 이루는 정체성을 간과하여 그의 존엄감을 위험에 노출시키는 것이다. 만약 케어 제공자의 지각이 소화기계 문제에만 한정되어 있다면, 자신이 어떻게 인식되고 있는가 하는 환자의 인식은 분명히 현재 진행되고 있는 장 종양에 있을 것이다. 그러나 J씨를 돌보는 사람들의 지각은 그의 인격이나 아버지와 할아버지,

남편, 그리고 다양한 관심사를 가진 인물로서의 핵심적 정체성을 이해하거나 인정하는 것으로 바꾸도록 노력하지 않으면 안 된다. 그렇게 된다면 J씨는 자신의 핵심적 정체성이 인정받았다는 것을 아는 데서 오는 편안함을 느낄 수 있을 것이다.

존엄 모델

실험을 통해 말기 환자의 존엄 모델이 발전되어 왔다(〈표 1-1〉 참조).[18), 19)] 이 모델은 케어 제공자에게 개인의 존엄감에 영향을 줄 수 있는 폭넓은 신체적 · 심리적 · 사회적 · 실존적 문제를 망라한 치료적 지도(map)를 제공한다. 많은 완화치료 임상가가 공감적 케어를 제공하고 있지만, 존엄 모델은 존엄을 지키는 케어를 실시하는 데 이용되는 폭넓은 틀을 제공한다.

질적 분석에 의하면 죽음을 앞둔 환자의 존엄감의 인식은 크게 세 가지 범주를 나눌 수 있다.[18), 19)] 즉, ① 병과 관련된 걱정, ② 존엄을 지키는 레퍼토리, 그리고 ③ 사회적 존엄 목록이다. 이러한 범주는 죽음을 앞둔 환자가 존엄감을 얼마나 경험할 것인가를 결정하는 폭넓은 문제를 언급하고 있다. 각 범주에는 주의 깊게 정의된 몇 개의 주제와 소주제가 있어서 죽음을 앞둔 사람의 존엄을 이해하는 모델의 기초를 제공하고 있다.

〈표 1-1〉 주요 존엄 범주, 주제 및 소주제

병과 관련된 걱정	존엄을 지키는 레퍼토리	사회적 존엄 목록
독립 수준	존엄을 지키는 시점	• 사생활의 경계
• 인지적 예민함 • 기능적 능력	• 자기 존속 • 역할 보존 • 생성성/유산 • 긍지의 유지 • 희망 • 자율성/통제 • 수용 • 탄력성/투쟁정신	• 사회 지원 • 케어의 경향 • 타인의 무거운 짐이 되는 것 • 사후에 대한 걱정
증상에 의한 고통	존엄을 지키는 실천	

• 신체적 고통
• 심리적 고통
   – 의학적 불확실성
   – 죽음의 불안
	• '지금'을 삶
	• 일상성 유지
	• 영적 평안함 추구	

병과 관련된 문제와 걱정

이것은 병 자체에서 유래하며, 또한 환자의 존엄감을 위협하거나 실제로 지장을 초래하는 문제다. 이러한 문제의 정의적인 특징은 병이 개입된 것으로 환자의 경험에 매우 독특하다는 것이다. 두 가지 폭넓은 주제가 이 범주에 포함된다. 하나는 '독립 수준'(기능적 능력, 인지적 예민함을 유지하는 능력에 의해서 결정되는 것으로, 일상생활 과제를 수행하는 능력을 가리킨다.)이고, 다른 하나는 '증상에 의한 고통'이다. 증상에 의한 고통은 신체적 고통과 심리적 고통이라는 소주제로 나뉜다. 그리고 심리적 고통은 다시 ① 의학적 불확실성(즉, 건강 상태의 불확실함과 관련된 고통), ② 죽음의 불안(즉, 죽음과 죽어 가는 것의 과정이나 실현과 관련된 고민 또는 두려움)으로 나눌 수 있다.

존엄을 지키는 레퍼토리

두 번째 범주는 존엄을 지키는 레퍼토리다. 이 범주는 존엄을 지키는 시점과 존엄을 지키는 실천이라는 두 가지 주제로 나누어진다.

존엄을 지키는 시점은 다음의 소주제로 구성된 내적 자질이나 세계관이다. ① 자기 존속(진행되는 병에도 불구하고 사람의 본질은 굴하지 않고 계속된다는 감각), ② 역할 보존(이전의 자기 이미지와의 일관성을 계속하는 방법처럼 통상의 역할 기능을 계속하는 능력), ③ 생성성/유산(자신에게 지속되는 무엇인가가 죽음까지도 초월할 수 있다는 것을 깨닫는 것으로부터 얻을 수 있는 위로와 안락함), ④ 긍지의 유지(자존심이나 자기 배려를 긍정적으로 계속하는 능력), ⑤ 희망(산다는 것이 무엇과도 바꿀 수 없다거나 의미 또는 목적을 가질 수 있는 것이라고 생각할 수 있는 능력), ⑥ 자율성/통제(삶을 영위하는 상황에서의 통제감), ⑦ 수용(달라지는 삶의 여건에 자기를 맞추어 가는 내적 과정), ⑧ 탄력성/투쟁정신(자신의 병에 관련된 걱정을 극복하고 삶의 질을 최적화하려는 정신적 투지)로 구성된다.

존엄을 지키는 실천이란 존엄감을 강화 또는 유지하기 위해서 환자가 이용하고 있는 개인적인 접근 또는 레퍼토리를 가리킨다.

이 실천은 세 가지의 요소는 구성되어 있다. '지금'을 삶(미래를 고민하지 않도록 그 자리의 문제 또는 과제에 초점을 맞추는 것), 일상성 유지(매일 부딪히는 문제를 관리할 수 있도록 원조하는 계속적이고 규칙적인 행동), 영적 평안함 추구(종교적 내지는 영적인 신념체계에서 위로를 찾아내는 것 또는 거기에 향하는 것)로 되어 있다.

사회적 존엄 목록

이것은 존엄감을 촉진하거나 축소시키는 다른 사람들과의 상호작용의 질을 가리킨다. 이 목록의 정의적 특징은 그것이 환자의 존엄감에 지장을 초래하는 외적 자원이나 문제를 나타낸다는 것이다. 이는 다음과 같은 다섯 가지의 주제로 분류된다. ① 사생활의 경계(케어 또는 지지를 받는 동안에 얼마나 개인적인 환경이 침해되는가), ② 사회 지원(가까운 곳에서 도움이 되는 친구, 가족 또는 의료 종사자 커뮤니티의 존재), ③ 케어의 경향(환자와 관련될 때 다른 사람이 나타내 보이는, 존엄을 촉진하거나 촉진하지 않는 태도), ④ 타인의 무거운 짐이 되는 것(개인적 케어 또는 관리의 다양한 측면에서 다른 사람에게 의지하지 않으면 안 되는 것에 따른 고뇌), ⑤ 사후에 대한 걱정(어떤 사람의 죽음이 다른 사람에게 부과할 수 있는 무거운 짐 또는 문제의 예상에 따른 걱정과 두려움)이다.

존엄 모델은 경험적으로 얻을 수 있는 이론적 틀인데 이것은 우리가 임종을 앞둔 사람들의 존엄 개념을 이해하는 데 도움이 된다. 게다가 죽음을 앞둔 환자들이 어떻게 존엄을 상실해 가는지 이해

함으로써 죽음이 임박한 환자에게 존엄 촉진 개입을 어떻게 구성할지에 대한 방향성을 나타내며 그 기초를 제공한다. 그러한 개입 중 하나가 존엄치료라고 불리는 단기 정신치료적 개입이다. 이 접근은 녹음 면접으로 구성되어 있는데, 여기서 환자는 자신이 자랑으로 생각하는 인생의 측면이나 의미 있는 혹은 의미 있던 것과 가장 기억해 주길 바라는 개인의 인생사에 대해 말할 기회가 주어진다. 사람들은 곧 유족이 될 사랑하는 사람들을 돌보는 가운데 그들에게 제공할 수 있는 것에 대해 언급할 수 있다(〈표 1-2〉 참조).

이러한 면접은 그 축어록을 다시 편집하여 환자에게 되돌려 준

〈표 1-2〉 존엄치료 질문

- 당신의 인생에서 특히 기억에 남는 것이나 가장 소중하다고 생각하는 것은 어떤 것입니까? 당신이 가장 생기 있었던 때는 언제입니까?
- 당신 자신에 대하여 소중한 사람이 알고 있어 주길 바라는 것이나 기억해 주었으면 하는 것이 특별히 있습니까?
- (가족, 직업, 지역활동 등과 관련해) 당신이 인생에서 이룬 역할 중 가장 중요한 것은 무엇입니까? 왜 그것은 당신에게 중요합니까? 당신은 그것을 어떻게 달성했다고 생각합니까?
- 당신이 이룬 가장 중요한 성취는 무엇입니까? 무엇을 가장 자랑스러워합니까?
- 소중한 사람에게 말해 두어야 한다고 지금까지도 느끼고 있는 것이나 다시 한 번 이야기해 두고 싶은 것이 있습니까?
- 소중한 사람에 대한 당신의 희망과 바람은 무엇입니까?
- 당신이 인생으로부터 배운 것 중 다른 사람들에게 전하고 싶은 것은 무엇입니까? 남기고 싶은 조언이나 지침은 어떤 것입니까?
- 장래에 소중한 사람에게 도움이 되도록 남기고 싶은 말 혹은 지시 등이 있습니까?
- 이 영구적 기록을 남기면서 포함시키고 싶은 다른 것이 있습니까?

다. 이를 통해 환자의 목적감, 의미 그리고 가치를 높이는 한편, 그들이 자신의 사고나 말을 계속하여 가치 있는 것으로 명확하게 경험함으로써 한층 더 자기 생성성의 요구를 만족시키도록 한다.

J씨는 존엄치료의 임상실험에 참가할 것을 권유받았다. 그는 그것에 동의하는 순간부터 '적어도 이 과제를 달성할 때까지는 버튼을 누르는' 어떠한 결단도 하지 않겠다는 것을 보여 주었다. 그는 자연사하기 며칠 전에 자신의 부모님에 대한 추억을 공유할 기회로 이 임상실험을 활용하였다. 거기에는 파괴적인 전쟁에서 살아남는 시련, 이민자로서의 인생, 결혼해 직업을 가지는 것, 언제까지나 깊고 슬픈 상실, 자녀와 손자 그리고 더 큰 사회 공동체로부터 얻은 기쁨으로 가득 찬 자랑 등이 포함되어 있었다. 치료자의 역할은 그러한 마음에 강한 인상을 남기는 고백을 부드럽게 촉진하는 것으로, J씨의 말이나 생각 그리고 감정이 중요하며 이러한 숨김 없는 이야기를 공유하는 과제가 얼마나 의미 있는지에 대한 메시지를 전했다.

그와 같은 임상실험이 없었다면 건강 케어 제공자는 J씨의 고난에 어느 정도 귀 기울일 수 있었을까? 그의 고통은 보통이 아니었으나 그렇다고 특정한 의학적 대응이 반드시 필요한 것도 아니었다. 직감적으로 무엇을 해야 하는 걸까? 아마도 케어 제공자라면 즉시 침대 옆으로 의자를 끌고 가서 이야기를 시작하고 차분히 들을 것이다. 그렇다면 무엇을 말하고 무엇을 들을 것인가? 먼저 무엇이 그에게 일어나고 있는지, 무엇이 그를 힘들게 하는지, 그리고 지금 일어나고 있는 것을 그는 어떻게 이해하고 있는가에 관한 질문을 할 것이다. 아마 케어 제공자가 깨달았을 때는 이미 그들은 몇몇 개인적인 에피소드나 친밀한 생각 혹은 회고를 듣고 있을 것이다. 어쨌든 케어 제공자의 존재는 놀랄 만한 치료적 힘을 가지고 있다. 침대 옆에 진을 치고 소중한 일에 대해 질문하든 혹은 마음이 따뜻해지는 고백 이야기에 귀를 기울이든, 케어 제공자는 지켜보는 사람이 되는 것이다. 이야기를 들음으로써 상대가 누구인가를 깨달을 수 있다는 우리의 인식은 병의 경계를 넘어서 확장되며, 그로 인해 자신들이 어떻게 보이며 들리는지에 대한 환자들의 인식 변화가 일어난다. 존엄 모델에 따르면 고민을 정당화하거나 경험에 의미를 부여하는 것이 희망을 높여 줄 것이다. 설령 치료가 닿을 수 없는 곳까지 악화된 병으로 오랫동안 괴로워한 사람들일지라도 말이다. 환자가 케어 제공자의 눈 안에서 자기 자신을 보는 반영은 궁극적으로 그들의 존엄감을 확고하게 할 것이다. 존엄이 적어도 부분적으로는 지켜보는 사람의 눈 속에 머물고 있기 때문이다.

 미 주

1) Thiel MM, Robinson MR: Physicians' collaboration with chaplains: Difficulties and benefits. *J Clin Ethics* 8:94-103, 1997.
2) Post SG, Puchalski C, Larson DB: Physician and patient spirituality: Professional boundaries, competency, and ethics. *Ann Intern Med* 132:578-583, 2000.
3) Lo B, Quill T, Tulsky J: Discussing palliative care with patients. ACP-ASIM end-of-life care consensus panel. American College of Physicians-American Society of Internal Medicine. *Ann Intern Med* 130:744-749, 1999.

4) Chochinov HM, Wilson K, Enns M, et al: Desire for death in the terminally ill. *Am J Psychiatry* 152:1185-1191, 1995.

5) Chochinov HM, Tataryn D, Dudgeon D, et al: Will to live in the terminally ill. *Lancet* 354:816-819, 1999.

6) Back AL, Wallace JI, Starks HE, et al: Physician-assisted suicide and euthanasia in Washington state: Patient requests and physician responses. *JAMA* 275:919-925, 1996.

7) Emanuel EJ, Fairclough DL, Daniels ER, et al: Euthanasia and physician-assisted suicide: Attitudes and experiences of oncology patients, oncologists, and the public. *Lancet* 347:1805-1810, 1996.

8) Ganzini L, Nelson HD, Schmidt TA, et al: Physicians' experiences with the Oregon Death with Dignity Act. *N Engl J Med* 342:557-563, 2000.

9) Meier DE, Emmons CA, Wallenstein S, et al: A national survey of physician-assisted suicide and euthanasia in the United States. *N Engl J Med* 338:1193-1201, 1998.

10) Sullivan AD, Hedberg K, Fleming DW: Legalized physician-assisted suicide in Oregon-the second year. *N Engl J Med* 342:598-604, 2000.

11) Van der Maas PJ, Van Delden JJM, Pijnenborg L, et al: Euthanasia and other medical decisions concerning the end of life. *Lancet* 338:669-674, 1991.

12) Wilson KG, Scott JF, Graham, ID, et al: Attitudes of terminally ill patients toward euthanasia and physician-assisted suicide. *Arch Intern Med* 160:2454-2460, 2000.

13) Chochinov HM, Wilson KG, Enns M, et al: Depression, hopelessness, and suicidal ideation in the terminally ill. *Psychosomatics* 39:366-370, 1998.

14) Breitbart W, Rosenfeld B, Pessin H, et al: Depression, hopelessness, and desire for hastened death in terminally ill cancer patients. *JAMA* 284:2907-2911, 2000.

15) Breitbart W, Rosenfeld B, Passik S: Interest in physician assisted suicide among ambulatory HIV infected patients. *Am J Psychiatry* 153:238-242, 1996.

16) Chochinov HM, Wilson KG, Enns M, et al: Prevalence of depression in the terminally ill: Effects of diagnostic criteria and symptom threshold judgements. *Am J Psychiatry* 151:537-540, 1994.

17) Chochinov HM, Hack T, Hassard T, et al: Dignity in the terminally ill: A

cross sectional cohort study. *Lancet* 360:2026-2030, 2002.

18) Chochinov HM, Hack T, McClement S, et al: Dignity in the terminally ill: An Empirical Model. *Soc Sci Med* 54:433-443, 2002.

19) Chochinov HM: Dignity conserving care: A new model for palliative care. *JAMA* 287:2253-2260, 2002.

02

존엄을 지키는 케어:
새로운 완화치료 모델*
– 환자가 스스로의 가치를 느끼도록 돕는다

완화치료의 기본적 특징은 환자가 존엄을 유지하면서 죽음을 맞이하도록 도와주려는 목적으로 요약될 수 있다. '존엄(dignity)'은 말기 케어의 근간을 이루는 목적이나 치료적 배려를 결정하는 데 있어 의사와 환자 그리고 가족을 이끄는 포괄적 틀을 제공한다. 존엄을 지키는 케어는 죽음을 앞둔 환자의 존엄을 보호하고 유지시키거나 강화하는 치료다. 여기에서는 진행성 폐암 환자와 그의 아내 그리고 그의 완화치료를 담당한 의사의 인터뷰 축어록을 활용하여 존엄을 지키는 케어의 다양한 측면과 그것이 기초로 하는 모델을 설명하고 탐구하려고 한다. 존엄을 지키는 케어는 죽음에 임박한 환자의 임상 케어의 치료목적과 기본 원리로서 존엄 유지를

---

* Chochinov HM: Dignity Conserving Care: A New Model for Palliative Care. *JAMA* 287:2253-2260, 2002.

분명한 목표로 하는 임상가들이 사용할 수 있는 접근이다.

환자의 이야기

62세의 S씨는 1년 반 전에 방사선으로 인한 폐암 진단을 받았으며 현재는 암세포가 간장과 뇌 및 부신에 전이되어 있었다. 최근에는 왼쪽 위아래의 사지가 특히 저하되어 체중을 지탱하기도 어려울 정도였다. 뇌 전이에 의한 것으로 의심되고 있었다. 불쾌한 부작용에 의해서 스테로이드 투약을 중단하고 폐렴에 대한 2주간의 항생물질 치료를 받은 직후였다. 숨참, 간질발작, 변비, 때때로의 초조함을 포함한 그의 증상은 각각 이프라트로피움, 페닐토닌, 세나, 할로페리돌, 클로나제팜에 의해서 조절되고 있었다. 지금은 주로 증상을 완화시키는 케어만을 실시하고 있었다.

S씨는 사려 깊고 자신의 생각을 확실히 말하는 사람이다. 불행한 소년 시절에 이어, 그의 인생은 의미 있는 지속적 인간관계나 직업적 성취를 엉망으로 만든 알코올 중독에 의해 여러 가지 문제가 계속 일어났다. 그렇지만 그의 말에 의하면 30년 전에 아내와 만나 알코올 중독자 익명모임(AA)에 참가하게 되었고 '완전히 다른 삶을 살게 되었다.' 그 후로는 술을 입에도 대지 않았다. 그와 아내는 친밀한 신뢰관계를 쌓아가고 있었다. 둘 사이에 자녀는 없었다. 최근 몇 년간 그는 다양한 일에 종사했지만, '어느 것도 마음에 들지 않았고', 최근까지 트럭 운전기사로 일했다. 경제 상태는 기대했던 만큼 좋지 않았지만, 그래도 두 사람이 어떻게든 해 나갈 수 있

을 것이라고 생각했다. S씨는 말기 암환자로서 존엄을 지키기 위해 개발된 새로운 개입방법인 '존엄치료'의 연구에 참가했다. 그와 아내 그리고 주치의인 F의사는 이 글을 위해서 나의 인터뷰에 응해 주었다.

관 점

S씨: 존엄이라는 것은 영혼과 관련이 있는 상태입니다. 존엄은 모든 사람들에게 이해를 가져오는 평온한 감각입니다. 나는 이 세상을 초월한 무엇인가가 있다고 믿고 있습니다. 사실 의식은 그로부터 여행을 떠난다고 생각합니다. 그것은 웅장한 계획이지요. 저쪽 세상에서 아무도 뭘 알려 주지는 않지만 분명히 굉장할 겁니다. 나는 이 세상에서는 언제나 암중모색하면서 뭔가를 계속해서 선택해 왔어야 했기 때문이에요. 그런 선택을 잘한 때도 있었지만 그렇지 않은 때도 많았죠.

S부인: 병원에서 받은 치료 덕분에 존엄이 유지되었다고 생각해요. 의료진은 훌륭해요. 할 수 있는 한 모든 것을 해 주었어요. 존엄은 자신이 아직 가치가 있다는 것을 그에게 맛보게 하려는 노력이라고 생각해요.

F의사: 전 개인의 특성과 존엄은 궁극적으로 같은 거라고 생각합니다. 결국 자신에게 있어 존엄은 자신이 어떻게 보느냐가 아닐까요? 한 사람을 있는 그대로 유지하려는 것이겠지요. 예를 들면, 그들이 청결을 유지하거나 쾌적함을 유지하는 것 같이 눈에 드러나는 것만큼 그 사람 본연의 자세를 가능케 하는 것도 중요하며, 그것이 그 사람을 그 사람답게 만든다고 생각합니다.

존엄이라는 개념은 왜 중요한가

완화치료의 기본적 특성은 증상 관리, 심리학적 및 영적 건강, 그리고 가족치료도 포함하여 환자가 존엄을 지키면서 죽는 것을 돕는다는 목적으로 요약될 것이다.[1), 2)] 존엄에 대한 고찰은 때때로 임종을 앞둔 사람을 위한 케어에서 다양성(경우에 따라 완전히 반대되는 의미도 있다.)이라는 근본적인 문제를 정당화하는 데 사용되었다. 예를 들면, 안락사와 자살 방조, 수분과 영양 공급, 말기에 제공되는 진정제, 또는 기본적 증상 관리와 관련해서다.[3)~10)] 다양한 활동에서 종종 언급되는 '존엄을 동반하는 죽음'이라는 용어는 죽음을 앞둔 환자의 임상 케어의 기본 원리로서의 위치를 빼앗긴 채, 자살 방조나 안락사의 권리와 동의어로 인식되고 있다. 존엄의 보존과 유지가 완화치료의 명확한 목표가 될 때, 케어의 선택사항은 증상 관리라는 패러다임에서 벗어나 환자의 신체적 · 심리학적 · 사회적 · 영적 그리고 실존적 말기 체험을 망라할 수 있을 것이다. 말기 암환자의 케어에 대한 논의에서 이러한 문제를 체계적으로 다룬다면 환자들은 선택의 폭이 넓어져서 증상 완화를 위한 보다 나은 성과를 이루며 생을 마감하는 문제에서도 다양한 기회를 가질 수 있다.

존엄이란 '가치가 있으며 영예롭거나 존중되는 특징 또는 상태'라고 정의된다.[11)] 의사의 도움에 의한 자살과 안락사 동향에 따라 본의 아니게 정치적 쟁점화가 되는 것에도 구애받지 않으면서, 존엄은 원조된 죽음의 배려로만 관련되는 것은 아니다.[5), 7), 8)] S씨, S부인과 F의사의 말에서 알 수 있듯이, 개인은 존엄을 지키면서 죽는다는 개념(거기에는 기본적인 안락함, 케어의 톤이나 질, 그리고 '영혼' 또는 영성의 고려도 포함된다.)에 자기 자신의 독특한 의미 또는 소중함이 있다고 생각한다. 존엄은 말기 암환자의 기초가 되는 객관적 사실과 치료적 배려를 결정할 때 의사, 환자 그리고 가족을 이끄는 큰 틀을 제공한다.

임종을 앞둔 환자의 존엄 모델

만약 존엄의 보존이나 유지가 완화의 목적이 된다면, 가장 먼저 환자의 존엄성이 완전히 이해되지 않으면 안 된다. 이 문제와 관련해 '바람직한 죽음'이나 '삶의 질' 패러다임의 관점에서 조사한 몇몇 연구는 있으나, 그 논문들은 거의 존엄성 자체를 직접 다루지는 않았다.[13],[14] 예를 들어, 스튜어트(Stewart) 등[13]은 건강 케어의 입장에서 죽음을 앞둔 사람들의 삶의 질에 영향을 주는 다양한 영역에 포함되는 개념 틀을 전개하기 위해 그에 대한 문헌 연구를 했다. 이 틀은 효과 측정의 포괄적 세트로서 임종을 앞둔 사람의 삶의 질과 그들이 필요로 하는 케어의 평가를 목표로 하였다. 그 밖에 신체적 그리고 심리학적 영향의 원인을 목록화하여 말기 삶의 질의 중요한 영역을 분류하였다.[15]~[17] 후자의 영역은 '기능과 자율성의 지지'라든지 '환자와 가족의 만족'[15] '전체적 삶의 질' '심리학적 건강과 기능'[16] '통제력의 달성'과 '관계의 강화'[17] 등 여러 가지로 언급되었다. 그러나 만족감, 심리적 쾌적감 또는 성취감이라든가 지지받고 있다는 느낌이 임종을 앞둔 환자가 의미하는 것을 충분히 음미하지 못한 채, 그것들의 고통의 원천이라는 특정 목표에만 개입하는 전략의 빈약함으로 인해, 치료적 성과로서 그것들을 달성하는 것은 어려운 문제로 남겨진 채 우리의 손이 닿지 않는 곳에 존재할 것이다.

'바람직한 죽음'의 개념은 다양한 방법으로 연구되어 왔다.[14), 18)~20)] 이마누엘(Emanuel)과 이마누엘(Emanuel)[19)]은 바람직한 죽음 개념에 대해 상세히 기술하였다. 경험적으로 평가된 것은 아니지만, 그들은 임종을 앞두고 있는 경험에 대해 기본적인 환자 특징, 환자의 가변적 경험요소, 시행 가능한 다양한 개입 그리고 종합적 결과라는 4개의 결정적인 요소로서 그 과정을 통합하였다. 스타인하우저(Steinhauser) 등[20)]은 환자와 케어 제공자를 대상으로 한 연구에서 말기에 가장 중요하다고 생각하는 요인을 추출했다. 그것은 아픔과 증상의 관리, 죽음의 준비, 치료의 선호에 관한 결정, 그리고 '전인'적으로 다루어지는 것을 포함한다. 그렇지만 이들 요인은 보다 자세하게 설명되어 있지 않고, 개입전략도 제공되어 있지 않았다.

페인(Payne) 등[14)]은 '바람직한 죽음'을 말하는 환자에 의해 종종 '존엄'이 중요하게 거론되었다고 말했다. 그러나 그 이상 명료화하지 못했으며, 용어도 불분명했고, 치료적 대응에 대한 시사점도 애매했다. 어떤 연구에서는 환자의 죽음이 24시간 이내로 다가왔을 때 환자를 케어하고 있는 의료진에게 과거 3개월간을 돌이켜 보면서 유족의 존엄 수준을 평가하도록 의뢰하였다.[21)] 연구자나 건강 케어 담당자에 의해서 만들어진 요인 목록으로부터 존엄 점수를 산출하여 진단기준으로 사용하였다. 저자들은 환자 자신의 관점으로부터 연구되어야 할 '이해하기 어려운 개념'이라고 기술하면서, 환자의 존엄에 대한 깊은 의미나 개인적 적절함에는 확실히 접근하기 어렵다는 결론을 내렸다.

환자를 정보 제공자로 활용하여 존엄 구성을 특정적으로 조사한 몇 안 되는 연구의 하나가 존엄을 지키는 케어라는 개념을 언급하면서 도움이 되는 모델을 제공하였다.[22] 이 연구에서는 말기 암이 진행되고 있는 환자 50명의 인터뷰를 분석하여 사람들의 존엄에 관한 이해와 인식을 파악했다. 존엄을 지키는 케어라는 모델은 개인의 존엄 인식에 영향을 미치는 세 가지 넓은 영역을 상정하고 있다. 그것은 병과 관련된 걱정, 존엄을 지키는 레퍼토리, 사회적 존엄 목록이다. 병과 관련된 걱정이란 질병으로부터의 직접적인 결과와 관련된 것이다. 존엄을 지키는 레퍼토리에 영향을 주는 것으로는 환자의 심리적, 영적 자원이나 외모와 같은 것을 들 수 있다. 또한 사회적 존엄 목록으로는 존엄에 영향을 주는 환경적인 요인을 생각할 수 있다(〈표 2-1〉 참조).

경험적으로 이 모델은 암으로 죽어 가는 사람을 대상으로 하고 있으며, 일반화하려면 그 외의 특정한 병 혹은 특정 인구집단에 대한 충분한 검토가 이루어져야 할 것이다. 게다가 이 연구는 캐나다인 환자를 대상으로 하였기에 자율성과 같은 요소가 다른 문화권의 사람들에게도 중요한지를 파악할 수 있는 장치에 대한 검토도 필요하다.[23] 존엄 개념은 그 사람의 병, 종교 혹은 인종과 같은 문제

〈표 2-1〉 존엄 모델과 말기 환자의 존엄을 지키기 위한 개입

요인/소주제	존엄에 관련된 질문	치료적 개입
병과 관련된 걱정		
증상에 의한 고통		
신체적 고통	상태는 어떻습니까? 뭔가 해 주길 바라는 게 있습니까?	신체 관리 점검 충분한 평가, 치료의 제공
심리적 고통	걱정거리에는 어떻게 대처합니까?	지지적 자세, 경청, 상담으로 연계
의학적 불확실	병에 대하여 그 밖에 알고 싶은 것이 있습니까? 필요한 정보가 있습니까?	요구에 따라 정확하고 이해 가능한 정보와 향후 일어날 수 있는 위기 에 대한 전략을 제공한다.
죽음의 불안	차후에 말해 두고 싶은 것이 있습니 까?	
독립 수준		
독립	병 때문에 사람에게 의지하지 않으면 안 되게 되었습니까?	의학적 및 개인적 문제에서의 의지 결정에 환자를 참여시킨다.
인지적 예민함	생각이 정리되지 않는 듯한 때가 있습 니까?	선망치료, 필요하다면 진정제의 중지
기능적 능력	자신의 일은 어느 정도 가능합니까?	신체 장비의 사용, 이학요법, 작업 요법
존엄을 지키는 레퍼토리		
존엄을 지키는 시점		
자기 지속	병에 의해서도 좌우되지 않는 것이 있 습니까?	환자가 가장 가치 있어 하는 인생의 측면에 흥미를 나타내고 인증한다.
역할 보존	병에 걸리기 이전에 하고 있던 일 중 중요한 것은 무엇입니까?	환자가 영예, 경의 그리고 높은 평 가에 적합하다고 본다.
긍지의 유지	자신이나 인생에 있어서 가장 자랑스 럽게 생각하는 것은 무엇입니까?	
희망	지금이라도 할 수 있는 것은 무엇입니 까?	의미나 목적이 있는 활동에 환자를 참여시키거나 환자에게 권한다.

자율성/통제	어느 정도 자신의 생각대로 말하고 있습니까?	치료 및 케어의 결정에 환자를 참가시킨다.
생성성/유산	어떤 식으로 자신을 기억해 주면 좋겠습니까?	인생 기록(녹화, 녹음 치료 매체, 편지, 일지 등), 존엄치료
수용	지금 여기서 얼마나 평안함을 느낍니까?	외관을 유지하기 위한 도움 건강하다고 느끼게 하는 것(명상, 가벼운 운동, 음악 감상, 기도 등)을 장려한다.
탄력성 투쟁정신	지금 무엇에 가장 힘을 얻습니까?	

존엄을 지키는 실천

지금을 삶	병으로부터 주의를 돌리고 평안함을 주는 것이 있습니까?	일상 활동을 유지시키거나 기분 전환을 위한 것(외출이나 가벼운 운동, 음악 감상 등)에 안락함을 느끼게 한다.
일상성 유지	언제나처럼 즐거운 것이 아직 있습니까?	
영적 평암함 추구	종교적 혹은 영적 공동체에 참가하거나 연결되기를 희망합니까?	목사 혹은 영적 지도자 소개. 영적·문화적 실천으로의 참가 유도

사회적 존엄 목록		
사생활의 경계	사생활에 대한 것은 중요합니까?	검진 허락 요청, 적절한 복장과 사생활 배려
사회 지원	당신에게 가장 소중한 사람은 누구입니까?	면회의 자유, 보다 큰 지원 네트워크의 구축
케어의 경향	당신의 존엄성이 저해받았다고 느끼는 취급을 받은 적이 있습니까?	환자가 영예, 경의 그리고 높은 평가에 적합하다고 보고 그것을 전한다.
타인의 무거운 짐이 되는 것	다른 사람에게 무거운 짐이 되는 것은 아닌지 신경 쓰입니까?	무거운 짐이 되는 것은 아닌지 생각하고 있는 상대와 그 걱정에 대해서로 이야기한다.
사후에 대한 걱정	남겨지는 사람들에 대한 걱정 중 가장 큰 것은 무엇입니까?	인간관계의 조정, 향후 필요한 지시와 준비, 유언 작성, 장례계획

와 문화적인 것의 결합에 영향을 받을지도 모르지만, 제시된 모델은 다양한 고찰을 망라하는 충분히 광범위한 것일 것이다. 개인의 속성, 독특한 차이, 그리고 개인을 실현화하는 본질적 혹은 미묘한 특징까지 인식하는 것이 존엄을 지키는 것의 기본이 된다. 따라서 새로운 고찰이 필요하겠지만, 이 모델은 죽음을 앞둔 환자에 대한 폭넓은 적용을 고려하면서 충분히 탄력적 운용이 가능하다고 생각된다.

병과 관련된 걱정

걱정은 병 자체로부터 유래하는 것으로 환자의 존엄감을 위협하거나 실제로 지장을 초래하는 문제와 연결된다. 이러한 걱정은 환자의 병 경험과 직접 관련된 것으로, 이 모델에서는 '증상에 따른 고통'과 '독립 수준'으로 나누고 있다. 진행되는 병을 앓고 있는 환자에게 증상에 따른 고통(병의 진행에 수반하는 불쾌감 또는 병 진행으로 인한 괴로움)은 죽어 가는 경험의 조작적 정의 중 하나다.[24]~[28] 이 모델에 의하면 증상에 의한 고통은 신체적 고통과 심리적 고통으로 나눌 수 있는데, 후자는 건강 상태나 치료 진행과정에 대해 모르는 것 또는 눈치채지 못한 것에 관련된 고통(의학적 불확실성), 죽음과 죽어 가는 과정 내지는 죽음의 도래와 그에 관련된 고민과 두려움(죽음의 불안)[29, 30]을 포함하고 있다. 독립 수준은 개인이 다른 사람에게 가지는 신뢰 정도를 반영하는 것으로, 종종 상황에 대해 인지적 예민함을 유지하며 일상생활 과제를 수행할 수 있는 능력(기능적 능력)에 의해 결정된다.

존엄을 지키는 레퍼토리

존엄을 지키는 레퍼토리는 환자의 존엄감에 영향을 주는 심리적 또는 영적 요소를 내포하고 있다. 이것은 원래 성격 특징이나 환자가 병의 경험에 대해 가지는 내적 자원에 근거하고 있다.[32, 33]이 모델에 의하면 존엄을 지키는 레퍼토리는 존엄을 지키는 시점(즉, 상황을 보는 방법과 그것에 대처하는 방법)과 존엄을 지키는 실천(즉, 당사자의 존엄감을 확장하거나 강화하기 위한 활동)을 포함한다.

존엄을 지키는 시점에서는 아래 제시된 8개 소주제가 환자의 존엄감에 상당한 영향을 준다고 보았다. 그런데 이러한 시점에는 계층성이 없으며, 어떤 것이 다른 것보다 우선순위를 가지는 것은 아니다. 개인에 따라서 그중의 어떤 하나 또는 두세 개의 주제를, 때로는 여러 개나 모든 주제를 활용하는 것이 유용할 것이라고 생각하여 모든 가능성을 열어 두고 있다. 첫째, 자기 지속은 진행되고 있는 병에 구애받지 않으면서 사람의 본질은 상처받지 않은 채 계속될 수 있다는 감각이다.[34, 35] 둘째, 역할 보존은 이전의 자기 이미지와 일관성을 갖는 방법으로서 일반적인 역할 기능을 계속 유지하는 능력이다.[35] 셋째, 긍지의 유지는 자존심이나 자기 배려를 긍정적으로 지속하는 능력이다.[36] 넷째, 희망은 인생이 영원한 것을 남기거나 의미와 목적을 가질 수 있다고 생각할 수 있는 능력이다.[37), 38] 다섯째, 자율성/통제는 삶의 다양한 상황에 대한 통제감을 유지하는 능력이다.[30] 여섯째, 생성성/유산은 자신의 어떤 부분이 지속되어 죽음도 초월할 것이라는 것을 아는 가운데 얻을 수 있는 위로와 평안함이다.[39, 40] 일곱째, 수용은 변화하는 삶의 상황에 자신을 맞추어 가는 내적 과정이다.[41, 42] 마지막으로 탄력성/투쟁정신은 병의 극복 또는 삶의 질을 최대로 활용하는 정신적인 결정이다.[43, 44]

존엄을 지키는 실천이란 존엄감을 강화하거나 유지하기 위해서 환자가 사용하고 있는 개인적인 접근이나 기술을 가리킨다. 이 실천은 3개의 구성요소로 나눌 수 있다. 지금을 삶으로서 미래에 일어날 일들을 고민하지 않고 현재 순간의 문제나 과제에 초점을 맞추는 것이다. 일상성 유지는 매일 드러나는 어려운 문제를 환자가 관리할 수 있도록 원조하는 지속적이며 반복적인 행동을 의미한다. 영적 평안함 추구는 종교적 또는 영적 신념체계를 통해 위로를 얻거나 그것으로 향해 가는 것을 의미한다.

사회적 존엄 목록

사회적 존엄 목록의 정의적 특징은 환자의 존엄감을 촉진하거나 감소시키는 사회적 문제 내지 관계 역동에 대한 고려다. 이 모델에서는 환자의 환경에서 기인하는 존엄의 영향을 묘사하고 있으며, 다음과 같은 5개의 소주제로 구성된다. 첫째, 사생활의 경계는 케어나 지지를 받는 동안 개인적 환경이 침범당하는 정도에 존엄이 어느 정도로 영향을 받는가의 문제다.[47] 둘째, 사회 지원은 가까운 곳에 있으면서 도움을 주는 친구, 가족 또는 의료 종사자 커뮤니티의 존재다.[48)~50)] 셋째, 케어의 경향은 환자와 관련될 때 다른 사람이 보이는 태도다.[51)] 넷째, 타인의 무거운 짐이 되는 것은 개인적 케어나 관리와 관련된 여러 가지 면에서 타인에게 의존하지 않으면 안 된다는 사실 때문에 발생하는 고통이다.[29), 52)] 마지막으로 사후에 대한 걱정은 자신의 죽음이 다른 사람에게 끼칠 무거운 짐과 어려운 문제를 예견함에 따른 걱정과 두려움이다. 그런데 죽음의 불안은 타인의 무거운 짐이 되는 것과는 달리 자신의 죽음으로 남겨지는 사람들에게 주게 될 충격에 대해 보다 많은 걱정을 하는 것이다.

존엄에 관한 여러 가지 개념

이 모델이 존엄에 대한 전반적 영향을 망라하였다면, 개개인은 각 요소마다 다양할 정도의 중요성을 찾아내었다. 존엄 개념은 개개인에 따라 크게 다를뿐더러, 동일한 인물이라도 상황에 크게 좌우된다. S씨와 S씨 부인의 존엄 개념에 대한 견해는 상당한 차이가 있었다. S씨에게 존엄이란 개인 안에 있는 것이며, 자신의 중심을 이루는 영적 정체성과 연결되어 있는 것 같다. 바꾸어 말하면, 그의 존엄 개념은 신체적 또는 환경적 요인(즉, 병과 관련된 걱정 또는 사회적 존엄 목록)에 좌우되지 않고, 오히려 자기 이미지의 긍정감을 유지하는 능력(긍지의 유지), 자기 자신의 본질이 방해되지 않고 남아 있다는 감각(자기 존속), 풍부한 영적 생활에 몰입하여 그로부터 힘을 얻는 능력(영적 평안함 추구)에 관계하고 있다.[45), 46)] 한편 S씨 부인에게는 존엄 유지가 그녀 및 남편이 어떻게 다루어지는지, 또는 어느 정도의 가치가 보여지고 있는지라는 케어의 레퍼토리와 결부된다. 완화치료에서는 철학적으로 개인이 태어나서부터 지금까지의 존엄을 인정하는 것에 기반을 두어야 한다고 주장하지만, 이 사례는 '존엄을 유지하는 죽음이란 무엇인가?'라는 질문에 '그것이 누구에게 있어서인가?'라는 중요한 추론이 연결되어 있다는 점을 깨닫게 했다.[1)~4), 24)]

환자에 따라 존엄감은 그 자신의 핵심적 존재나 본질과 떼어놓을 수 없는 경우가 있다. '기본적 존엄'이라는 개념은 내적으로 주어지는 것이며, 태어날 때부터 이미 인생에 포함되어 있는, 그 누구에게도 저해받을 수 없는 보편적인 도덕적 특징이라고 기술되어 왔다.[3), 53)] 이와 같은 철학적 관점에서 보면 인생이 있는 한 존엄은 존재한다. 한편 '개인적 존엄'은 죽음이나 죽음을 앞두고 있다는 사실에 대한 잠재된 수치심을 언급하면서 함께 자주 인용되었다.[3), 53), 54)] 존엄의 상실은 환자가 왜 안락사나 자살 방조와 같은 선택을 하게 되는지에 대한 조사연구를 할 때 의사들로부터 가장 흔하게 듣는 이유의 하나다.[8), 9), 53)~55)] 개인적 존엄은 보다 개인주의적이고 일시적이며 개인의 목표나 사회 상황과 연결된 구성물이다. 게다가 병과 관련된 걱정이나 사회적 존엄 목록의 요소들이 개인적 존엄을 침해할지도 모르는데, 이는 존엄을 지키는 기술인 탄력성에 의해 해결될 수 있을 것이다. 내적 자원에 의해 좌우되면서도 개인의 자율성은 존엄 개념에 보다 통합되어 갈지도 모른다. 그러나 스스로가 독립적 생활을 유지할 수 있는 능력을 잃어버린 채 죽어 가는 것을 존엄의 기본적 상실로 여긴다면 인생 자체의 가치는 엉망이 될 것이다. 개인적 자율성을 그다지 강조하지 않는 문화에서의 경험은 독립이나 존엄을 가능케 하는 관점에 통찰을 제공할지도 모른다.[23]

존엄을 지키는 레퍼토리

> S씨: 나는 지금까지 계속해서 사람들을 위해 살아왔고, 누군가를 섬긴다는 것은 나에게 상당히 유익한 것이었어. 이번에는 내 차례인 거야. 내가 누군가에게 도움을 받게 되면, 내가 그랬듯이 나를 케어함으로써 어떤 사람도 기분이 좋아지는 거겠지.

완화치료에서 의사의 어려움은 특정 환자나 가족이 존엄을 어떻게 인식하고 있는지를 이해하고 그것을 촉진하는 개입을 고안하는 데 있다. 이것이다 하는 것처럼 분명한 도움을 확신할 수 있는 개입방법이 없는 말기의 고난과 고뇌에 대처하는 적절한 전략을 발견하지 못하면 말기 케어를 제공하는 의사는 사기가 떨어져 허무하게 되어 버릴 것이다.[56] 그러므로 존엄을 지키는 케어는 치료적 가능성의 폭을 펼치는 것으로, 환자, 가족 그리고 케어 제공자의 건강에도 영향을 미친다. 설메이시(Sulmasy)는 "그에 적합한 호의를 지니지 못한 채 환자에게 대처하는 것은 존엄이 없는 방법으로 행동하는 것이다."라고 주장하였다.[57] 그러므로 다른 사람에게 존엄을 갖도록 케어를 제공하는 것은 제공자의 존엄을 확인하여 안

전을 확보하는 셈이다.

존엄 모델의 여러 가지 측면은 죽음을 앞둔 환자의 존엄을 지키거나 확장시키는 케어를 얼마나 제공할 것인가에 대한 지침을 제공한다. 치료적 지도를 생각해 본다면 존엄 모델은 생물의학적 · 심리학적 · 심리사회적 · 실존적, 그리고 영적 배려(〈표 2-1〉 참조)를 포함한 케어의 방향성을 나타내는 것이다. 각 요소는 S씨의 존엄을 유지할 때 환자에게 무엇보다 중요한 케어의 특징을 이해하기 위해 그의 경험을 적용했을 것이다.

병과 관련된 걱정을 관리하기

F의사: 증상 관리가 잘되지 않으면 불쾌감이 사람들을 방해하지요. 따라서 존엄 유지 역시 방해를 받을 거예요.

S씨: 여기 있는 사람들은 내가 가능한 한 쾌적한 상태가 되지 않으면 외출도 시켜 주지 않아요.

이 모델의 '병과 관련된 걱정'이라는 요소는 신체적 및 심리학적 증상의 주의 깊은 관리가 필요하다는 것을 지지한다. 스타인하우저(Steinhauser) 등[20]은 환자, 가족 그리고 의사가 고통과 증상을 관리하는 것은 말기 암 환자에게 매우 중요하며, 죽음을 직면한 사람의 케어 개선에는 필수적이라고 보고했다. 대부분의 진행성 암 환자에게 증상 고통이 핵심적인 걱정이 되는 것은 바로 그것이 우울증, 불안, 기분장애 그리고 심리적 부적응과 정비례하기 때문이다.[26]~[28], [32], [58], [59] 주의 깊은 증상 관리는 명확하게 질 높은 완화의 시금석이 되며, 존엄을 지키는 케어에 통합되어야 할 특징이다. 의학적 불확실성과 죽음의 불안은 어느 쪽도 심리적 고통의 독특한 유형이다. 치료의 선택사항이나 병의 진행과정에 대한 정보 제공은 앞으로 어떤 일이 일어날 것인가를 충분히 파악하지 못한 채 우왕좌왕하는 환자나 그 가족의 존엄을 유지하는 데는 도움이 될지도 모른다.[29), 30)]

독립성을 강화하기

> S씨: 몸의 반쪽밖에 움직일 수 없게 되자 화가 났어요. 제 인생은…… 전 상당히 현실적인 사람이었으니까요. 이전이라면 쉽게 할 수 있었던 것들을 할 수 없게 되었다는 게 화도 나고 서글퍼졌어요.

이 모델에 의하면 다른 사람에게 의존하는 정도는 어느 정도 자기 스스로 할 수 있는지(기능적 능력)와 환자가 어느 정도 정신적으로 건강한지(인지적 예민함)에 의해 결정된다.[16), 31)] 그 때문에 치료적 전략은 환자의 자율감과 가능한 한 독립적으로 기능하는 능력을 강화하도록 시도하는 것이다. 물리적으로 도움을 받을 수 있는 장비들을 현명하게 사용하는 것은 작업치료와 더불어 환자들의 자주적인 기능적 능력이나 그들의 독립 수준을 강화할 수 있다. 집에서 케어가 가능한 환자에게는 주로 머무는 공간을 고치거나 필요하면 특정 침대, 침실 용변기, 지지대, 정형외과적 도구 등의 적절한 의학적 장비를 준비한다. 또한 충분한 가정 케어와 돌보는 가족들이 일시적으로 쉴 수 있도록 임시 위탁간호(respite care)를 활용하여, 환자가 계속 집에서 머물도록 하고 건강 상태가 나빠져도 그에 구애받지 않고 자율성을 최대한 유지하도록 한다.[31]

존엄을 지키는 전략

> S씨: 누군가가 나의 은밀한 곳을 씻어 줘야 한다면 그것이 그녀들의 일이에요, 유감스럽긴 하지만. 일부러 시키는 것이 아니니까요. 나는 그것이 그들의 일이라는 것을 받아들일 수 있어요. 그건 내 존엄과는 관계없다고 생각해요. 그런 것 말고 자랑스러워할 만한 일이 있으면 그걸로 충분하다고 생각해요.

존엄을 지키는 레퍼토리는 병으로 인해 가지게 되는 내적 자원의 영향을 받는데, 이것은 환자의 과거 경험, 심리학적 특징 그리고 정신적인 생활의 풍부함에 근거한다. 존엄을 지키는 레퍼토리의 대다수의 소주제는 환자의 계속되는 자기 가치감에 초점이 맞춰져 있으며, 이는 카셀(Cassell)[34]의 고통 개념과 유사하다. 카셀에 의하면 고통은 사람이 위협을 느끼거나 타협하는 정도에 비례하여 증가한다. 그러나 사람들은 건강환경이 악화되는 상황에 직면하며 인간으로서의 본질적 감각이나 자기 배려를 유지하는 것(긍지의 유지), 또는 이전의 자기 역할이 변함없이 가치가 있다고 믿는 것(역할 보존)은 어려워진다.[34]~[36]

S씨는 더 이상 일할 수 없었고 남은 생도 그렇게 길게 기대할 수 없었지만, 어떤 치료나 케어를 받을 것인가에 대한 선택과정이나

남겨질 아내의 장래에 영향을 줄 수 있는 경제적 문제에 대한 의논을 함께 하면서 자신이 아직 끝내지 않은 인생을 살아가는 중요한 참가자라는 감각을 강하게 인식할 수 있었던 것 같았다. 존엄을 지키는 전략으로서 환자가 감정, 성취 그리고 병의 경험과는 독립된 정열의 전인격적 소유자라는 것을 충분히 인정하는 치료적 입장을 가짐으로써 환자의 자존감을 강화하도록 시도해야 한다. 이것은 죽어 가는 환자가 자신이 해 왔던 것에 대해, 그리고 현재 자신에 대해 다른 사람이 가지는 감각을 통해 자존심을 찾아내야 하는 것으로, 이와 같은 주장은 카셈(Cassem)의 개념[60]으로 뒷받침된다. 보다 좋게 평가되었다고 느끼는 환자가 안락사나 자살 방조를 생각하는 경우가 적다[61]는 것은 우연의 일치가 아니다. 환자가 소중히 하고 있는 것의 중요성을 찾아가는 것은 개인적인 작업이지만, 동시에 환자와 그 가족 그리고 케어 제공자 간의 치료 공감적 관계를 강화하는 것이기도 하다(〈표 2-1〉 참조).

희망이란 인생은 영원한 것이며 의미나 목적을 가지는 것이라고 생각할 수 있는 능력이며, 존엄을 지키는 레퍼토리의 소주제 중 하나다.[37), 38)] 빅터 프랭클(Viktor Frankl)[62]에 의하면, "중요한 것은 삶에 대한 일반적인 의미가 아니라 그 사람의 삶의 어떤 시기에 관한 특별한 의미다." 임종을 앞둔 환자에게 특별한 의미는 소중한 사람의 방문, 옛 사진을 꺼내 보거나 추억 이야기를 나누는 것, 소중한 사람에게 유언장을 쓰고 선물을 하는 것, 그 밖에 의미를 끌어낼 수 있는 어떤 일을 계획하는 것으로부터 얻을 수 있다. 앨범을 정리하거나 일기를 쓰는 것, 또는 자신의 사망기사를 준비하는 것이

〈표 2-2〉 존엄치료 질문

- 당신의 인생에서 특히 기억에 남는 것이나 가장 소중하다고 생각하는 것은 어떤 것입니까? 당신이 가장 생기 있었던 때는 언제입니까?
- 당신 자신에 대하여 소중한 사람이 알고 있어 주길 바라는 것이나 기억해 주었으면 하는 것이 특별히 있습니까?
- (가족, 직업, 지역활동 등과 관련해) 당신이 인생에서 이룬 역할 중 가장 중요한 것은 무엇입니까? 왜 그것은 당신에게 중요합니까? 당신은 그것을 어떻게 달성했다고 생각합니까?
- 당신이 이룬 가장 중요한 성취는 무엇입니까? 무엇을 가장 자랑스러워합니까?
- 소중한 사람에게 말해 두어야 한다고 지금까지도 느끼고 있는 것이나 다시 한번 이야기해 두고 싶은 것이 있습니까?
- 소중한 사람에 대한 당신의 희망과 바람은 무엇입니까?
- 당신이 인생으로부터 배운 것 중 다른 사람들에게 전하고 싶은 것은 무엇입니까? 남기고 싶은 조언이나 지침은 어떤 것입니까?
- 장래에 소중한 사람에게 도움이 되도록 남기고 싶은 말 혹은 지시 등이 있습니까?
- 이 영구적 기록을 남기면서 포함시키고 싶은 다른 것이 있습니까?

그 예다.[63] 각 예에서 그러한 활동을 하는 것은 환자에게 스스로가 중요한 기능을 계속 수행하고 있으므로 그 자신의 삶이 목적과 존엄을 계속해서 유지하고 있다는 감각을 제공한다.

몇몇 연구 보고에 의하면 자율성의 약화는 환자가 인생에 부여하는 가치를 저해할 가능성이 있으며 절망이나 통제 상실은 죽음을 서두르게 하는 수단에 대한 흥미를 높이는 것과 상관이 있다.[63]~[68] 그러므로 자율성과 통제를 강화하는 전략은 존엄 보존과 유지에 상당히 큰 의미를 가진다. 하나의 기본적 전략은 (당사자가 원한다면) 환자의 케어나 치료 결정에 적극적으로 관여하는 것이다. F의

사는 S씨가 처음 입원했을 때 불면에 의한 분명한 문제, 즉 병동 업무를 힘들게 할 정도였으므로 약물을 투여하고 있다는 것을 전했다. 그러나 약물은 그를 더 혼란하고 동요하게 만들었다. 그의 자율성과 자기 신뢰감을 높여 정상적인 생활로 복귀시키기 위해서, F의사와 S부부는 밤시간의 진정제를 감량하고 낮시간에 옥외활동을 늘리는 것이 그에게 도움이 될 것이라고 판단했다. 자율성과 통제의 상실은 진행성의 병을 가지고 있는 환자에게는 결정적인 경험이다. 환자는 통제를 되찾을 수 있는 방법을 모색하여 필요할 때 실천되지 않으면 안 된다.

환자에 따라서는 존엄 보존을 영적 또는 종교적 실천이나 지역사회와의 결합(영적 편안함 추구)에 의해서 달성하는 경우도 있다.[45], [46] 이러한 관계를 지속하면서 문화적 신념을 표현하거나 특정 종파에서 자신에게 맞는 실천을 함으로써 존엄을 지키는 케어를 실행한다. 또한 삶의 일부 측면이 죽음을 초월한다는 것을 확고히 하는 것(즉, 생성성/유산의 소주제)이 존엄감을 유지해 가는 데 열쇠가 되는 환자도 있다.[39], [40] 이와 같은 환자는 오디오 녹음이나 녹화, 편지나 일기 쓰기, 또는 존엄치료의 참가(아래 참조)와 같은 인생 과업에 참가함으로써 자신의 본질과 인간성의 일부는 죽음을 초월해 살아남는 것이라는 것을 알고 안락함을 느끼기도 한다.

존엄치료

S부인: 그의 글을 읽을 수 있는 것은 그를 떠올리거나 그를 생각하는 데 도움이 되겠지요. 그는 자유인이고, 나는 잔걱정

이 많은 성격이었기에 항상 그를 이해할 수 있었던 건 아니
에요. 아마 나는 하나님을 열심히 믿지 않았던 것 같아요.
안락함을 주는 그의 글을 받아서 기뻐요.

많은 환자에게 존엄 유지는 자신의 본질적인 부분이 죽음이라는
사건을 초월해 살아남는다는 생각(즉, 생성성/유산의 소주제)에 연
결되어 있는 것 같다. S씨가 참가한 정신치료 실험은 부분적으로는
이 같은 전제를 기반으로 하고 있다. 존엄치료에서는 그 원인이 무
엇이든 간에 앞으로 남은 생이 6개월 정도로 추정되는 환자가 녹음
을 통해 영원히 기억해 두면 좋겠다고 생각하는 삶의 여러 가지 모
습을 언급한다. 환자가 존엄 모델에 근거하여 만들어진 일련의 질
문에 답하는 형식인데, 이것은 환자 자신이 소중하다고 여기는 사
람이 기억해 주었으면 하는 것에 초점을 맞추고 있다. 인생에 대해
중요한 공헌을 했는지 안 했는지에 구애받지 않는다. 이 개입은 사
람들이 무엇인가 가치 있는 것, 예를 들어 소중한 사람에게 감사하
거나 용서를 구하는 것, 중요한 정보나 지시를 남기는 것, 또는 따
뜻한 말을 남기고 있다는 감각을 가질 수 있다(⟨표 2-2⟩ 참조).

존엄치료의 인터뷰는 축어록으로 정리되고 편하게 읽힐 수 있도
록 편집된다. '인생 각본' 은 환자에게 되돌려 주며 대부분의 경우
에는 유족에게 전달한다. 이 치료적 과정은 임종을 앞둔 사람을 위
해 의미와 목적에 대한 감각을 강화하도록 의도된 것이다. 소중한
사람에게 유산을 제공함으로써 환자는 자신의 존엄이 충분히 영예
를 얻으며 강화되는 것을 느낄 수 있는 것이다.

사회적 존엄 목록

> S부인: [의료진은] 우리에게 흥미를 가지게 해 주었는데 그것이 상
> 당히 중요했어요. 이야기도 잘 들어주었고. 그래서 [모든]
> 가능성을 찾을 수 있었지요. 정말로 도움을 받았습니다. 진
> 심으로 고맙게 생각하고 있어요. 절로 머리가 숙여져요.
>
> F의사: 누군가의 몸을 청결하게 해 줄 때, 당신이 지저분한 것만
> 본다면 환자의 존엄은 타격을 입을 거예요. 그러나 우리가
> 환자를 한 인격체로 보려고 노력한다면 그 사람의 존엄은
> 상처받지 않고 지켜질 수 있겠지요.

사회적 존엄 목록은 환자의 존엄감에 대한 환경적 또는 맥락적 영향을 지적하고 있다. 연구에 의하면 임종을 앞둔 환자가 지원에 대해 인식하느냐의 여부는 심리적 적응과 상당히 밀접한 관련이 있다.[48]~[50], [69] 사회적 지원 네트워크를 사용하는 방법에는 가족, 친구, 건강 케어 제공자나 그 외의 환자, 영적 실천자 등이 포함되는데, 그들을 존엄을 유지하는 케어의 영역에 포함하는 것이 좋다. 이때 개개인의 사생활을 엄격하게 유지할 것을 부탁하거나 이 같은 필요성에 의해 개인과 사회의 경계를 세심히 고려해 가면서 균형을 유지해야 한다(〈표 2-1〉 참조).

타인의 무거운 짐이 되는 것은 환자에게는 특히 견딜 수 없는 고난의 원천이 될 수 있다. 연구 보고에 의하면 그것은 의사로부터의 자살 원조와 안락사에 대한 관심과 상당히 관련이 있다.[55], [61], [64] 병이 지원 네트워크에 심각한 부담을 주거나 죽음이 남겨지는 사람에게 무거운 짐으로 계속될 것(사후에 대한 걱정)을 환자가 인식할

때, 임상가는 그 문제에 대해 솔직하지만 진지하게 논의할 필요가 있다. 그런 과정을 통해 두려움은 상당히 진정될 것이며, 환자들은 자신이 주는 부담이 다른 이들에게는 얼마 남지 않은 시간 동안 자신을 돌보는 뜻 깊은 시간이 될 수 있다는 사실을 확인할 수 있다. 사후에 대한 걱정과 관련해 가장 준비된 대처는 환자가 신변 정리를 하고, 유언장을 써서 남기고, 건강 케어와 관련된 위임장을 쓰고, 혹은(만일 환자가 바란다면) 장례계획에 참여하는 것을 권한다.

자신이 타인의 무거운 짐이 된다고 강하게 느낄 때는 질병과 관련된 부담이 환자 자신의 개인적 특징이나 총체적 가치를 떨어뜨릴 때다.[28], [52] 존엄을 지키는 강력한 전략 중 하나는 케어의 경향이라는 개념을 이해하는 데 있다.[51] 이것은 감정적 및 태도적인 케어의 경향을 가리키는데, 만약 존엄을 유지하려고 한다면 경의와 환자의 영속적 가치에 대해 긍정적인 피드백을 하지 않으면 안 된다. 때때로 이것은 환자에게 중요했던 것이나 현재까지 중요한 것에 대해 묻는 것으로 이루어지지만('존엄을 지키는 레퍼토리' 참조), 가장 기본이 되는 것은 환자를 존경받고 존중받아 마땅한 한 인격체로 보는 능력이다. 존엄을 유지하는 것은 그것을 가지고 무엇을 하느냐를 초월하여 그 사람이 환자를 어떻게 보는가에 달려 있다.

결 론

존엄을 지키는 케어는 다양한 인구집단에서 사용되어서 그것이 의미 있다는 것이 증명되지 않으면 안 되지만, 말기에 존엄을 지킨다는 개념은 완화치료에서 완화제의 일부가 되어야 하며, 죽음을 앞둔 환자의 케어에서 광범위하게 사용되는 표준이 되지 않으면 안 된다. 이 같은 케어는 환자의 존엄감을 저해할 수 있는 많은 고통의 원천에 대한 이해를 바탕으로 광범위한 개입이 이루어지지 않으면 안 된다. 각 환자와 그 가족에게 있어 존엄의 정의는 다양하지만, 임상가에 의해 포괄적이면서 공감할 수 있는 말기 케어가 제공되도록 배려하지 않으면 안 된다. 존엄 모델은 임상가가 이 같은 과제를 생각하기 위한 틀을 제공해, 존엄을 유지하면서 죽어 가는 것이 분명한 목표가 되는 결과를 이끌어낸다.

존엄을 지키는 케어는 환자에게 어떻게 할 것인가 뿐만 아니라, 환자를 어떻게 보는가에서 시작된다. 긍정에 의해 '존엄 속에서 죽어 가는 것을 재확인시키고…… [이것은] 분명히 죽음을 편하게 만드는 의미라는 것을 깨닫지 않으면 안 된다.[57] 죽어 가는 환자가 케어하는 사람들로부터 존경받고 존중받아 마땅한 존재로 보일 때, 그리고 그처럼 보이고 있는 것을 알고 있을 때, 존엄은 가장 쉽게 유지된다. 그렇게 되면 케어 제공자들도 스스로의 행위에 의해 실현된 존엄을 더욱더 공고히 하여 죽음에 임박한 사람들에게 치료와 안락함을 보다 잘 제공할 수 있을 것이다.

미 주

1) Abiven M: Dying with dignity. *World Health Forum* 12:375-381, 1991.

2) Madan TN: Dying with dignity. *Soc Sci Med* 35:425-432, 1992.

3) Pullman D: Dying with dignity and the death of dignity. *Health Law J* 4:197-219, 1996.

4) Kade WJ: Death with dignity: A case study. *Ann Intern Med* 132:504-506, 2000.

5) Sullivan AD: Hedberg K, Fleming DW. Legalized physician-assisted suicide in Oregon: the second year. *N Engl J Med* 342:598-604, 2000.

6) Chater S, Viola R, Paterson J, Jarvis V: Sedation for intractable distress in the dying: A survey of experts. *Palliat Med* 12:255-269, 1998.

7) Quill TE: Death and dignity: A case of individualized decision making. *N Engl J Med* 324:691-694, 1991.

8) Ganzini L, Nelson HD, Schmidt TA, Kraemer DF, Delorit MA, Lee MA: Physicians' experiences with the Oregon Death with Dignity Act. *N Engl J Med* 342:557-563, 2000.

9) van der Maas PJ, van Delden JJM, Pijnenborg L, Looman CWN: Euthanasia and other medical decisions concerning the end of life. *Lancet North Am Ed* 338:669-674, 1991.

10) van der Maas PJ, van der Wal G, Haverkate I, et al: Euthanasia, physician-assisted suicide, and other medical practices involving the end of life in the Netherlands, 1990-1995. *N Engl J Med* 335:1699-1705, 1996.

11) *Webster's International Dictionary.* 2nd ed. Springfield, Mass: Merriam, 730, 1946.

12) Quill TE: Perspectives on care at the close of life: initiating end-of-life discussions with seriously ill patients: Addressing the "elephant in the room." *JAMA* 284:2502-2507, 2000.

13) Stewart AL, Teno J, Patrick DL, Lynn J: The concept of quality of life of dying persons in the context of health care. *J Pain Symptom Manage* 17:93-108, 1999.

14) Payne SA, Langley-Evans A, Hillier R: Perceptions of a "good" death: A comparative study of the views of hospice staff and patients. *Palliat Med*

10:307-312, 1996.

15) Lynn J: Measuring quality of care at the end of life: A statement of principles. *J Am Geriatr Soc* 45:526-527, 1997.

16) Field MJ, ed, Cassel CK, ed: *Approaching Death: Improving Care at the End of Life.* Washington, DC: National Academy Press; 1997.

17) Singer PA, Martin DK, Kelner M: Quality end-of-life care: patients' perspectives. *JAMA* 281:163-168, 1999.

18) Cohen SR, Mount BM: Quality of life in terminal illness: Defining and measuring subjective well-being in the dying. *J Palliat Care* 8:40-45, 1992.

19) Emanuel EJ, Emanuel LL: The promise of a good death. *Lancet* 351(Suppl2): SII21-SII29, 1998.

20) Steinhauser KE, Christakis NA, Clipp EC, McNeilly M, McIntyre L, Tulsky JA: Factors considered important at the end of life by patients, family, physicians, and other care providers. *JAMA* 284:2476-2482, 2000.

21) Turner K, Chyle R, Aggarwal G, Phillip J, Skeels A, Lickiss JN: Dignity in the dying: A preliminary study of patients in the last three days of life. *J Palliat Care* 12:7-13, 1996.

22) Chochinov HM, Hack T, McClement S, Harlos M, Kristjanson L: Dignity in the terminally ill: A developing empirical model. *Soc Sci Med* 54:433-443, 2002.

23) Kagawa-Singer M, Blackhall LJ: Negotiating cross-cultural issues at the end of life: "you got to go where he lives." *JAMA* 286:2993-3001, 2001.

24) Wanzer SH, Federman DD, Adelstein SJ, et al: The physician's responsibility toward hopelessly ill patients: A second look. *N Engl J Med* 320:844-849, 1989.

25) Breitbart W, Jaramillo J, Chochinov HM: Palliative and terminal care. In: Holland J, ed. *Textbook of Psycho-oncology.* NewYork, NY: Oxford University Press, 437-449, 1998.

26) Institute of Medicine. *Approaching Death: Improving Care at the End of Life.* Washington, DC: National Academy Press, 1997.

27) Caraceni A, Portenoy RK for the International Association for the Study of Pain IASP Task Force on Cancer Pain. An international survey of cancer pain characteristics and syndromes. *Pain* 82:263-274, 1999.

28) Portenoy RK, Thaler HT, Kornblith AB, et al: Symptom prevalence, characteristics and distress in a cancer population. *Qual Life Res* 3:183-189, 1994.

29) Hinton J: The progress of awareness and acceptance of dying assessed in cancer patients and their caring relatives. *Palliat Med* 13:19-35, 1999.

30) Hinton J: Sharing or withholding awareness of dying between husband and wife. *J Psychosom Res* 25:337-343, 1981.

31) Tigges KN: Occupational therapy. In: Doyle D, Hanks GWC, MacDonald N, eds. *Oxford Textbookof Palliative Medicine.* 2nd ed. NewYork, NY: Oxford University Press, 829-837, 1999.

32) Lichter I: Some psychological causes of distress in the terminally ill. *Palliat Med* 5:138-146, 1991.

33) Cherny NI, Coyle N, Foley KM: Suffering in the advanced cancer patient: A definition and taxonomy. *J Palliat Care* 10:57-70, 1994.

34) Cassell EJ: The nature of suffering and the goals of medicine. *N Engl J Med* 306:639-645, 1982.

35) Byock IR: The nature of suffering and the nature of opportunity at the end of life. *Clin Geriatr Med* 12:237-252, 1996.

36) Byock IR: When suffering persists... *J Palliat Care* 10:8-13, 1994.

37) Chochinov HM, Wilson KG, Enns M, Lander S: Depression, hopelessness, and suicidal ideation in the terminally ill. *Psychosomatics* 39:366-370, 1998.

38) Breitbart W, Rosenfeld B, Pessin H, et al: Depression, hopelessness, and desire for hastened death in terminally ill patients with cancer. *JAMA* 2000;284:2907-2911.

39) Lichter I, Mooney J, Boyd M: Biography as therapy. *Palliat Med* 7:133-137, 1993.

40) Fisher BJ: Successful aging, life satisfaction, and generativity in later life. *Int J Aging Hum Dev* 41:239-250, 1995.

41) Taylor SE: Adjustment to threatening events: a theory of cognitive adaptation. *Am Psychol* 38:1161-1173, 1983.

42) Wool MS: Understanding denial in cancer patients. *Adv Psychosom Med* 18:37-53, 1988.

43) Greer S: Fighting spirit in patients with cancer. *Lancet* 355:847-848, 2000.

44) Nelson DV, Friedman LC, Baer PE, Lane M, Smith FE: Attitudes of cancer: psychometric properties of fighting spirit and denial. *J Behav Med* 12:341-355, 1989.

45) Holland JC, Passik S, Kash KM, et al: The role of religious and spiritual beliefs in

coping with malignant melanoma. *Psychooncology* 8:14-26, 1999.

46) Daaleman TP, VandeCreek L: Placing religion and spirituality in end-of-life care. *JAMA* 284:2514-2517, 2000.

47) Nemcekova M, Ziakova K, Mistuna D, Kudlicka J: Respecting patients' rights. *Bull Med Ethics* 13-18, No. 140, 1998.

48) Katz JS, Sidell M, Komaromy C: Dying in long-term care facilities: Support needs of other residents, relatives, and staff. *Am J Hosp Palliat Care* 18:321-326, 2001.

49) Andershed B, Ternestedt BM: Development of a theoretical framework describing relatives' involvement in palliative care. *J Adv Nurs* 34:554-562, 2001.

50) Kristjanson LJ, Sloan JA, Dudgeon D, Adaskin E: Family members' perceptions of palliative cancer care: Predictors of family functioning and family members' health. *J Palliat Care* 12:10-20, 1996.

51) Barthow C: Negotiating realistic and mutually sustaining nurse-patient relationships in palliative care. *Int J Nurs Pract* 3:206-210, 1997.

52) Kinsella G, Cooper B, Picton C, Murtagh D: A review of the measurement of caregiver and family burden in palliative care. *J Palliat Care* 14:37-45, 1998.

53) Pullman D: Human dignity and the ethics and aesthetics of pain and suffering. Theor Med Bioeth, In press.

54) Kant I: *The Fundamental Principles of the Metaphysics of Morals.* Abbott TK, trans. Buffalo, NY: Prometheus Books, 1987.

55) Meier DE, Emmons CA, Wallenstein S, Quill T, Morrison RS, Cassel CK: A national survey of physician-assisted suicide and euthanasia in the United States. *N Engl J Med* 338:1193-1201, 1998.

56) Portenoy RK, Coyle N, Kash KM, et al: Determinants of the willingness to endorse assisted suicide: A survey of physicians, nurses, and social workers. *Psychosomatics* 38:277-287, 1997.

57) Sulmasy DP: Death and human dignity. *Linacre Q* 61:27-36, 1994.

58) Chochinov HM, Wilson KG, Enns M, et al: Desire for death in the terminally ill. *Am J Psychiatry* 152:1185-1191, 1995.

59) Chochinov HM, Tataryn D, Clinch JJ, Dudgeon D: Will to live in the terminally ill. *Lancet* 354:816-819, 1999.

60) Cassem N: The dying patient. In: Hackett T, Cassem N, eds. *The Massachusetts*

General Hospital Handbook of General Hospital Psychiatry. Littleton, Mass: PSG Publishing Co Inc, 332–352, 1987.

61) Emanuel EJ, Fairclough DL, Emanuel LL: Attitudes and desires related to euthanasia and physician-assisted suicide among terminally ill patients and their caregivers. *JAMA* 284:2460–2468, 2000.

62) Frankl VE: *Man's Search for Meaning*. New York, NY: Simon & Schuster, 171, 1963.

63) Block SD: Perspectives on care at the close of life: Psychological considerations, growth, and transcendence at the end of life: The art of the possible. *JAMA* 285:2898–2905, 2001.

64) Wilson KG, Scott JF, Graham ID, et al: Attitudes of terminally ill patients toward euthanasia and physician–assisted suicide. *Arch Intern Med* 160:2454–2460, 2000.

65) Back AL, Wallace JI, Starks HE, Pearlman RA: Physician–assisted suicide and euthanasia in Washington state: Patient requests and physician responses. *JAMA* 275:919–925, 1996.

66) Seale C, Addington-Hall J: Euthanasia: Why people want to die earlier. *Soc Sci Med* 39:647–654, 1994.

67) Block SD, Billings JA. Patient requests to hasten death: Evaluation and management in terminal care. *Arch Intern Med* 154:2039–2047, 1994.

68) Ganzini L, Johnston WS, Hoffman WF: Correlates of suffering in amyotrophic lateral sclerosis. *Neurology* 52:1434–1440, 1999.

69) Dobratz MC: Causal influences of psychological adaptation in dying. *West J Nurs Res* 15:708–729, 1993.

03
존엄치료: 말기 환자에 대한
새로운 정신치료적 개입*

요약

목적

이 연구는 말기 환자가 심리사회적 및 실존적 고통에 대처하도록 하는 것을 목적으로 한 새로운 개입방법인 존엄치료에 대한 검증이다. 존엄치료는 환자에게 가장 중요하거나 가장 기억해 주었으면 하는 일에 대해 이야기하도록 한다. 면접내용은 축어록으로 정리하여 편집과정을 거친 후, 환자가 친구나 가족에게 남길 수 있도록 최종판을 환자에게 보낸다. 이 연구의 목적은 존엄치료의 실

* Chochinov HM, et al., *J Clin. Oncol* 23:5520–5525, 2005; Dignity Therapy: A Novel Psychotherapeutic Intervention for Patients Near the End of Life.

행 가능성을 확립하여 다양한 심리사회적 및 실존적 고통의 영향을 판정하는 것이다.

환자와 연구방법

캐나다의 위니펙과 오스트레일리아의 퍼스에 입원 중인 말기 암 환자 및 가정에서 완화치료를 받고 있는 사람들의 존엄, 우울, 고뇌 및 희망 없음과 목적 보존 또는 유지 감각, 의미감, 죽음에 대한 욕구, 살 의사 및 자살 가능성이 개입 전후에 어떻게 변화했는지를 조사하였다. 또한 개입 후에는 만족도 평가도 병행하였다.

결 과

참가자의 91%가 존엄치료에 만족한 것을 보고했다. 76%가 존엄의 상승, 68%는 목적감의 상승, 67%는 의미감의 상승, 47%는 살 의지의 고조를 보고했다. 그리고 81%는 존엄치료가 가족에게도 도움이 되었거나 도움이 될 것이라고 보고했다. 개입 후에는 고통이 현저하게 개선($P=.023$)되거나 억울한 증상의 개선($P=.05$)이 인정되었다. 존엄치료가 가족에게도 도움이 된다는 증거는 인생을 보다 의미 있는 것이라고 느끼는 것($\gamma=0.480$, $P=.000$)이나 목적의식을 가지고 있는 것($\gamma=0.562$, $P=.000$)과 상관이 있었으며, 고통의 경감($\gamma=0.327$, $P=.001$)과 살 의지의 고조($\gamma=0.387$, $P=.000$)도 가져왔다.

결론

존엄치료는 말기 환자의 고뇌와 고통에 대한 새로운 치료적 개입으로서 기대할 수 있다.

도 입

말기 환자 케어 제공자를 가장 당황하게 하는 어려움 중의 하나는 환자가 존엄을 달성하고 유지하도록 돕는 것이다. 존엄과 말기 케어에 관한 우리의 선행 연구에서는 존엄의 상실과 우울, 불안, 죽음에 대한 욕구, 희망 상실, 타인의 무거운 짐이 되고 있다는 느낌 그리고 삶의 질의 전반적 저하 간에 상당한 상관관계가 인정되었다.[1)~4)] 그러나 대부분의 존엄을 지키는 죽음은 모호하게밖에 이해되지 않았다. 그러므로 존엄의 추구와 관련해 말기 케어의 다양한 접근이 강조되지만, 대부분의 경우 그러한 치료적 함의는 불확실하다.

고뇌와 고통이 임종을 앞둔 환자에게 주된 문제라는 것에 대한 많은 증거가 있다. 먼저 심리사회적 및 실존적 문제가 환자에게 있어 동통이나 신체적 증상보다 훨씬 큰 문제가 되고 있다는 연구 결과가 있다.[5)~7)] 의약연구소(Institute of Medicine)는 전반적인 삶의 질과 영적 평안함과 심리적 안녕이 말기 암환자의 질에 있어 주요 영역이라고 보았다. 유사하게 환자들도 말기 케어에서 중요한 측면으로 영적인 평안함, 무거운 짐의 경감, 그리고 사랑하는 사람들과의 관계성 강화를 언급했다.[5)] 그 밖의 몇몇 연구에서는 이러한 문제(존엄감의 상실, 의미의 상실, 그리고 타인의 무거운 짐이 되고 있다는 느낌을 표현함)와 빨리 죽고 싶다는 바람의 증가 간의 관계를 파악했다.[6)~9)] 말할 필요도 없이, 완화 개입은 동통과 증상 관리의 영역을 넘어서서, 환자가 표현하는 요구의 복잡하고 폭넓은 영역에서도 충분한 책임을 완수하지 않으면 안 된다.

이 연구의 목적은 말기 환자의 심리사회적 또는 실존적 고통에 대처 해 나가기 위한 개별 단기 정신치료적 개입인 존엄치료에 대해 검토하는 것이다. 그러한 고통은 종종 고난의 개념과 연결되어 당사자의 완전함을 위협하는 어려움으로 기술되어 왔다.[10)] 실존적 고통의 본질은 또한 의미 또는 의미의 결핍으로 정의된다고 시사되었다.[11)] 따라서 존엄치료의 기초는 죽음에 임박한 사람들의 의미감과 목적감을 이끌어 내어 그에 따라 고통을 경감하는 것을 추구하는 개별 단기 개입과 관련된다.

이러한 새로운 개입을 위한 틀은 완화치료를 위한 우리의 경험에 근거한 존엄 모델에 의해 제공되고 있다. 이 모델에서의 몇몇의 주요 개념에 따라 개입의 내용과 치료적 방향이 결정된다(〈표 3-1〉 참조).[1)~4)] 이 치료적 접근은 고통을 완화시키고 삶의 질을 높여 죽음에 임박한 환자의 의미감, 목적 그리고 존엄을 강화하기 위한 것으로, 죽음을 앞둔 환자에게 자신에게 가장 소중한 것을 명확히 하거나 가장 기억해 주었으면 하는 것에 대해 이야기할 기회를 제공한다. 면접과정은 오디오로 녹음하고 축어록으로 정리한 뒤 편집한다. 그리고 최종판은 친구나 가족이 받을 수 있도록 환자에게 전해진다. 이 연구는 존엄치료의 실행 가능성을 검토하여 다양할 정도의 심리사회적 및 실존적 고통에 대한 영향을 조사하기 위해서 기획되었다.

〈표 3-1〉 존엄의 주제, 정의 및 존엄치료에의 함의[1), 2)]

존엄의 주제	정의	존엄치료에의 함의
생성성	환자에게 존엄이란 자신의 인생이 무언가를 위한 것이라는 감각과 자신의 인생이 죽음도 초월한 영향을 갖는다는 감각이 서로 얽힌 것이라는 개념	면접은 녹음되어 축어록으로 만든다. 편집을 끝낸 축어록 혹은 생성성 문서가 환자의 친구나 가족에게 전달될 수 있도록 보내진다.
자기 존속	사람의 본질은 진행하는 병에도 불구하고 침해되지 않는다는 감각을 유지할 수 있는 것	환자는 자신의 인품이나 자기 감각의 기초에 대하여 이야기하도록 권해진다.
역할 보존	하나 혹은 그 이상의 이전 역할을 계속해서 달성하는 감각을 유지할 수 있는 것	환자는 자신의 핵심이 되는 정체성에 공헌할 것이며, 이전의 혹은 현재의 역할에 대해 질문받는다.
긍지의 유지	자존감을 유지하는 능력	자랑거리가 되는 수행 혹은 성취에 대하여 이야기하는 기회가 제공된다.
희망	의미감과 목적감을 찾아내거나 유지하는 능력	환자에게 의미감과 목적감을 인정받는 치료적 과정에 참가하도록 권유한다.
사후에 대한 걱정	죽음이 타인에게 가져올 부담 또는 문제에 관한 걱정과 두려움	환자가 사랑하는 사람들과 자신이 없는 미래를 준비하는 문제에 대해 이야기할 것을 유도한다.
케어의 경향	환자의 존엄을 높이거나 그렇지 않은, 다른 사람들의 환자에 대한 태도나 자세	존엄치료의 경향성은 공감적이고, 판단을 수반하지 않으며, 격려를 기본으로 하고, 경의를 표하는 것이다.

환자와 연구방법

존엄치료 면접과정에 대한 개요는 존엄 모델의 주제와 소주제에 근거하고 있다(〈표 3-2〉참조). 면접과정은 축어록으로 기록되고 편집되며, '만들어진 문서'가 친구나 가족에게 건네질 수 있도록 환자에게 보내진다. 30~60분간 이루어지는 치료 면접은 입원 환자의 경우 입원실에서, 외래 환자의 경우는 거주시설(자택 혹은 장기 입소시설 등)에서 행해졌다. 정신과 의사와 완화치료 간호사(캐나다 위니펙의 경우), 그리고 두 명의 완화치료 간호사와 임상심리사(오스트레일리아 퍼스의 경우)로 구성되어 매뉴얼화된 질문사항에 따라 면접을 실시한다. 연구에 앞서 존엄치료 시행에 있어 치료자 간의 일관성을 확인하기 위해 사전 면접을 가졌다. 실험계획서의 통합성을 확인하기 위해서 축어록 4개 중 1개가 무작위로 선택되어 주 조사자에 의해서 검토되었다. 실험계획서에서 큰 결함은 인정되지 않았으며, 이 과정을 통해 면담(연구 지역을 넘은)과 치료자 간의 편집 과정에 관한 미세한 조정과 표준화가 가능하게 되었다.

존엄치료는 오스트레일리아의 퍼스 또는 캐나다의 위니펙의 완화치료 등록자 가운데 선택기준을 만족시킨 모든 환자에게 제공되었다. 오스트레일리아에서는 실버체인 호스피스 케어 서비스(silver chain hospice care service; 오스트레일리아 최대의 재택 케어 전문 서비스)와 서부 오스트레일리아 암재단센터의 완화치료 요양원호스피스(cancer foundation of western australia centre for palliative care cottage hospice; 26병상의 완화치료시설)의 2개소에서 환자를 모집했다. 캐나다에서는 위니펙 지역건강기관 완화치료 프로그램(Winnipeg Regional Health Authority Palliative Care Program)으로부터 환자를 모집했다. 오스트레일리아와 마찬가지로, 이 프로그램에서도 폭넓은 범위의 입원 및 외래 말기 환자 전용의 케어 서비스를 제공하고 있다.

환자의 선택기준은 ① 6개월 이내의 말기 환자, ② 18세 이상, ③ 영어를 구사할 것, ④ 7~10일간에 걸쳐 1회 30~60분의 면접에 3, 4회 참가할 수 있을 것, ⑤ 임상적 의견 일치로서 인지장애가 없을 것, ⑥ 언어적 및 서면상의 동의를 제공할 수 있을 것이다. 또한 이 연구는 위니펙의 마니토바 대학교와 퍼스의 에디스 코원 대학교의 윤리위원회로부터 허가를 받았다.

동의를 얻은 다음에는 치료적 영향이 미칠 가능성이 있는 영역을 명확하게 하기 위해서 환자가 신체적, 심리학적 및 실존적으로 폭넓은 결과를 망라하는 심리적 판정을 받도록 권유한다. 이것은 실행 가능성에 관한 연구로, 우리는 폭넓은 범위의 결과에 대해 영향력이 미치는 영역을 확인하고 싶었다. 그래서 판정은 우울, 존엄, 불안, 고뇌, 희망 없음, 죽음에 대한 욕구, 자살 그리고 안녕감에 대한 단일항목 선별검사로 한정했다. 여기에는 7단계 평정(0 = 고통 없음, 1 = 최소한의 고통, 2 = 약간의 고통, 3 = 중등도의 고통, 4 = 강도의 고통, 5 = 심각한 고통, 6 = 격렬한 고통)이 포함되어 있다.[8] 윌슨(Wilson) 등[8]에 의하면 이러한 판정을 위한 접근은 평가자 간 신뢰도($\gamma = .92 \sim \gamma = .97$)와 검사-재검사 신뢰도($\gamma = .50 \sim \gamma = .90$)를 가져와 동형검사 신뢰도($\gamma = .78 \sim \gamma = .90$)와도 높은 상관관계를 나타낸

〈표 3-2〉 존엄치료 질문

- 당신의 인생에서 특히 기억에 남는 것이나 가장 소중하다고 생각하는 것은 어떤 것입니까? 당신이 가장 생기 있었던 때는 언제입니까?
- 당신 자신에 대하여 소중한 사람이 알고 있어 주길 바라는 것이나 기억해 주었으면 하는 것이 특별히 있습니까?
- (가족, 직업, 지역활동 등과 관련해) 당신이 인생에서 이룬 역할 중 가장 중요한 것은 무엇입니까? 왜 그것은 당신에게 중요합니까? 당신은 그것을 어떻게 달성했다고 생각합니까?
- 당신이 이룬 가장 중요한 성취는 무엇입니까? 무엇을 가장 자랑스러워합니까?
- 소중한 사람에게 말해 두어야 한다고 지금까지도 느끼고 있는 것이나 다시 한 번 이야기해 두고 싶은 것이 있습니까?
- 소중한 사람에 대한 당신의 희망과 바람은 무엇입니까?
- 당신이 인생으로부터 배운 것 중 다른 사람들에게 전하고 싶은 것은 무엇입니까? 남기고 싶은 조언이나 지침은 어떤 것입니까?
- 장래에 소중한 사람에게 도움이 되도록 남기고 싶은 말 혹은 지시 등이 있습니까?
- 이 영구적 기록을 남기면서 포함시키고 싶은 다른 것이 있습니까?

다.[6] 실험계획서에는 2개의 삶의 질에 관한 평가가 포함되었다.[12] 또한 살 의사에 관한 증상 가시 동형검사(Visual Analog Equivalent)를 포함한 개정판 에드먼튼 증상평가척도(Edmonton Symptom Assessment Scale)도 사용하였다.[13]

일단 기초가 되는 심리검사를 마치면, 참가자는 다음 면접에서는 (소중한 사람들에게 말해 두고 싶은 것이나 알아 두길 바라는 것을 포함) 자신에게 가장 중요한 일에 대해 이야기하도록 요구된다. 이때 또다시 오디오 녹음이 된다는 사실을 알린다. 그들은 미리 표준화된 질문지(〈표 3-2〉 참조)를 제공받고 대답할 충분한 시간을 갖게 된다. 질문지를 제공한 후 녹음 면접은 되도록 가까운 날로 정하게 되는데, 3일 이내인 경우가 대부분이다.

녹음 면접은 "당신의 인생에 대해 조금 이야기해 주었으면 합니다. 특히 당신이 가장 잘 기억하고 있는 것 또는 가장 중요하다고 생각하고 있는 것은 무엇이지요?"라는 질문으로부터 시작한다. 치료자는 질문의 틀을 가짐으로써 면접을 이끌어 가기 위한 융통성 있는 지침을 얻을 수 있지만, 그것은 상대의 흥미와 표출된 반응 수준에 근거하게 된다. 치료자는 환자의 반응을 따라가면서 자신들의 생각을 구조화하거나 조직하도록 돕는다. 예를 들어, 시간의 축에 따른 논리적 질문이나 각각의 사건이 어떤 원인과 결과로 연결되는지를 물으면서 상대의 생각과 감정 그리고 기억을 끌어내도록 촉진할 수 있다. 마찬가지로 격려하거나 상세하게 물음으로써 죽음이 임박한 환자도 참가하도록 할 수 있다. 예를 들어, "저와 함께 당신의 인생 그림책을 보고 있다고 상상해 보세요. 그 책에 대해서 가능한 한 자세하게 가르쳐 주지 않겠어요?"라고 물을 수 있다.

녹음 면접이 끝나면 2, 3일 사이에 환자의 대화 녹음은 이야기의 형태로 고쳐진다. 면접은 축어록 형태인데 다음과 같은 편집과정을 거쳐 완성된다.

- 기본적 명료화: 구어체이거나 성공의 전망이 없거나 생성성의 소재와는 관련이 없는 축어록의 일부분은 삭제한다(예를 들어, 인공 항문주머니의 교환, 방문자나 케어 제공자에 의한 면접의 중단 등)

- 시계열적 수정: 환자들은 순서를 정해 이야기하지 않거나 자신의 생각을 비논리적으로 제시하는 경우가 종종 있다.
- 축어록을 받게 될 사람 입장에서 중대한 피해나 고통을 일으킬 수도 있는 내용에는 주석을 붙이거나 편집을 한다.
- 적절한 종결로 이끄는 의견이나 논의를 축어록 중에서 찾아낸다. 이것이 생성성을 목표로 하는 유산 작성 의식인 이상, 종결은 환자의 메시지 전체에서 '인생은 좋은 것이었다.' '가족에게 신의 축복이 있기를!' '다시 태어나도 같은 인생을 보내고 싶다.' 등과 같이 적절한 것으로 찾지 않으면 안 된다. 환자가 자신이 말하고 싶었던 대로 작성되었다고 느끼며 마무리에 적합한 어조로 문서를 마무리하는 것이 바람직하다.

  편집을 종료하면, 치료자가 문서 전문을 읽어 내려가는 면접일을 잡는다. 이것은 일반적으로 정서적 환기를 높이는 계기가 된다. 환자가 자신의 말, 생각 그리고 감정을 읽어 내릴 수 있는 것을 직접 들을 수 있기 때문이다. 이 과정을 통해 환자는 아주 사소한 것이라도 잘못된 곳을 지적하거나 더 포함하고 싶은 것에 대해 편집을 요구할 수 있다. 그것은 고령의 이민자가 "바바리아가 아니라 불가리아야!"라고 말하는 것처럼 사소한 것일 수도 있고, 어떤 중년 여성이 두 아이 중 어느 한쪽에 대해서도 좀 더 언급해야 한다고 느끼는 것처럼 중요한 것일 수도 있다. 이는 환자의 취향이나 건강상태에 따르게 되는데, 편집상의 변경은 축어록 검토 면접을 통해 명확해지므로 한 번 더 면접을 갖는다. 짧지만 신속하게 축어록이 완성됨으로써 환자의 한정된 여생을 인증해 주고, 환자에게 말할 필요의 중요성과 앞으로 남겨질 문서를 만드는 것의 중요성을 깨닫게 한다. 개입의 종결에 대하여 존엄치료 만족도 조사에 따라 질적 측정이 실시되는데, 거기에 환자가 치료에 임했던 경험을 되돌아볼 기회가 포함되어 있다. 대부분의 환자는 이 과정을 한 회기의 녹음 면접으로 완료할 수 있지만, 때로는 2회기가(드물게는 3회기까지) 필요한 경우도 있다.

개입 전후의 비교와 항목 관련성은 각각 윌콕슨 순위합 검증법 (Wilcoxon's signed rank-sum test)과 스피어만 순위상관(Spearman's rank correlation)으로 검증되었다. 질적 데이터에서 보고된 대체로 긍정적인 반응과 연구 대상에 관계없이 부작용이 없었기 때문에 우리는 개입 후에는 심리사회적 평가 모두에 있어 개선이 인정될 것이라고 추측했다. 그러므로 이 연구에서는 일방 윌콕슨 테스트를 채용했다. 이에 의해서 양방검정을 사용했을 때보다 민감도와 검증력이 증가했다. 왜냐하면 2종 오류의 위험도를 줄이면서도, 1종 오류의 위험도를 .05로 유지할 수 있기 때문이다. 존엄치료 개입 후 조사 결과도 통계처리가 되었다.

결 과

2001년부터 2003년에 걸쳐 두 장소에서 100명의 환자가 이 연구에 참여했다. 50명은 오스트레일리아, 50명은 캐나다다. 181명의 환자가 조사연구 간호사에게 이름을 알리는 것에 동의했지만,

21명은 연구 전에 사망하거나 연구를 할 수 없을 만큼의 증상 악화를 보였다. 31명(19.6%)의 환자는 도중에 연구 참가를 거부했다. 남은 129명의 연구 완수율은 78%로, 축어록을 풀기 전에 14명이 사망하고 15명이 증상 악화되었다. 축어록 완수자와 비완수자 사이에서 연령, 성별 또는 암 부위에 현저한 차이는 없었다. 완수자 가운데 18%가 유방암, 17%는 폐암, 15%는 소화기암, 13%는 비뇨기계 암, 5%는 뇌종양, 5%는 혈액암, 19%는 다양한 고형 종양, 5%는 원인 불명의 종양, 그리고 3%는 비악성 상태였다. 참가자의 평균 연령은 63.9세(22~95세, 표준편차 14.2)이었고 44명이 여성이었다. 교육 배경은 37%가 고졸 미만, 23%는 고졸, 39%는 대졸 내지 대학원 졸업이었다. 64%의 환자는 기혼 내지 동거 중이며, 이혼한 사람은 11%, 미혼은 4%, 사별한 사람은 14%, 그리고 별거 중인 사람은 5%였다. 종교는 개신교가 34%, 가톨릭은 23%, 유대교는 2%, 그 외 종교는 16%, 그리고 무교는 24%였다. 첫 면접부터 사망까지의 생존기간의 중앙치는 51일(3~377일)이며, 남겨질 문서를 받고 나서 사망까지의 생존기간의 중앙치는 40일(0~371일)이었다.

질적 발견

연구 완수자 100명 가운데 91%는 개입에 대해서 만족 혹은 지극히 만족(7단계 평가에서 4 이상)한다고 보고했으며, 86%는 개입이 도움이 됨 또는 지극히 도움이 된다고 보고했다. 76%는 존엄감의 고조를 시사했다. 희망에 대해서는 68%가 목적감의 증가를, 67%

는 의미감의 상승을 시사했다. 47%는 존엄치료로 인해서 살 의사가 높아졌다고 보고했다. 전이성 유방암이 있는 62세 여성은 "이 연구에 참가하는 것이 내가 살아 있는 이유군요."라고 말했다. 주목해야 할 것은 81%의 완수자가 이 새로운 치료적 개입이 가족에게도 이미 도움이 되었거나 앞으로 도움이 될 것이라고 보고했다는 사실이다.

남겨질 문서에는 애정이 넘치는 긍정, 후회의 기분, 그리고 가장 두드러진 것으로서 추억의 이야기가 포함되었다. 많은 참가자는 남겨질 주제와 관련된 문제를 포함시켰다. 예를 들면, 전이성 유방암으로 죽어 가는 36세의 여성은 "이 프로젝트에 참여할 수 있어서 매우 행복했어요. 머릿속이 온통 감정 투성이가 되는 대신에 여러 가지 추억을 되새길 수 있었고 기분을 전환하는 데 많은 도움이 되었으니까요. 무엇보다 중요한 건 내가 남편과 아이들, 다른 모든 가족과 친구에게 나 나름의 '통찰'을 남길 수 있던 거예요."라고 말했다. 어떤 참가자는 계속되는 자기 가치감을 재확인하는 데 도움이 되었다고 말하는 사람도 있었다. 예를 들어, 유방암 말기의 49세 여성은 "존엄치료는 멋진 체험이었어요. 어리석고 지루한 인생이었다고 생각한 것을 종이에 써 두니까 의외로 내가 얼마나 많은 것을 이루었는지 알게 되었지요."라고 말했다.

직장암이 재발한 61세의 여성은 희망이라는 것은 현재 진행형의 의미와 목적과 관련되어 있다고 그 본질을 훌륭하게 파악했다. 그녀는 "이 경험 덕분에 자기 자신을 깊이 알 수 있었고, 인생의 의미에 더 관심을 가지게 되었습니다. 가족과 함께 문서를 읽는 것이 매우 기다려집니다. 그들에게 특별한 경험이 될 것임에 틀림없습니다."라고 언급했다. 또한 말기 폐암 환자인 72세 남성의 아내는 축어록이 훌륭하다고 하면서, "남편이 무언가에 공헌하고 싶었기 때문에 면접은 도움이 되는 무언가를 하는 '제2의 기회'가 되었다."라고 밝혔다.

양적 결과

개입 후의 고뇌 측정에서는 놀라울 정도의 개선이 나타났으며($\gamma = -2.0$, $P = .023$ [일방 월콕슨 테스트]), 우울에 대한 자기 보고도 마찬가지였다($z = -1.64$, $P = .05$ [일방 월콕슨 테스트]). 개입 후 개선은 존엄하고 중요했다($z = -1.37$, $P = .085$ [일방 월콕슨 테스트]). 희망 없음, 죽음에 대한 욕구, 불안, 살 의사 그리고 자살 가능성에 대한 바람직한 개선은 유의미하지 않았다. 참가자가 죽어 가고 있는 것을 생각한다면, 건강의 수준과 현재의 삶의 질이 비록 영향을 끼칠 정도는 아니지만 다소 저하되었다.

처음에 심리사회적 절망을 보고하던 환자는 특히 존엄치료로부터 많은 것을 얻은 것 같다. 구체적으로 현재의 삶의 질($\gamma = -0.198$, $P = .049$), 삶의 질 만족도($\gamma = -0.203$, $P = .042$), 존엄 수준($\gamma = 0.230$, $P = .021$), 고뇌 수준($\gamma = 0.226$, $P = .025$) 그리고 자살 가능성($\gamma = 0.250$, $P = .012$)에 있어서 개입이 도움이 된다. 그리고/혹은 만족스럽다와 의미 있는 상관이 있었다. 개입 전의 동통 경감에 대해 그만큼의 만족을 얻지 못한 환자도 존엄치료에 의해서 목적감이 증대한 것을 보고하는 경우가 많았다. 이것은 개입 전후의 동통 보고에서는 어떠한 변화도 설명될 수 있는 것이 아니었다.

삶의 질($\gamma = -0.220$, $P = .028$)이나 삶의 질 만족도($\gamma = -0.237$, $P = 018$), 그리고 죽음에 대한 욕구($\gamma = 0.192$, $P = .055$)에서의 측정으로부터 예측되는 처음의 심리사회적 고통은 개입에 의해서 의미감이 증대했다는 보고와 유의미한 상관이 있었다. 후자의 발견과 일치하고 존엄치료가 살 의사를 높였다고 보고한 환자는 현재의 생활이 보다 의미 있게 되었으며($\gamma = 0.480$, $P < .0001$), 목적감이 고조되었음($\gamma = 0.452$, $P < .0001$)을 보고하는 경우가 많았다.

존엄치료가 도움이 된다는 발견은 존엄치료에 의해서 현재의 생활이 보다 의미 있는 것이 되었다($\gamma = 0.566$, $P < .0001$), 목적감이 높아졌다($\gamma = 0.547$, $P < .0001$), 고뇌가 누그러졌다($\gamma = 0.547$, $P < .0001$), 그리고 살 의사가 높아졌다($\gamma = 0.290$, $P = .004$)는 보고와 유의미한 상관이 있다. 후자는 또한 개입에 의해서 목적감의 고조가 나타났다($\gamma = 0.444$, $P < .0001$), 고통이 감소했다($\gamma = 0.401$, $P < .0001$)와도 유의미한 상관이 있었다. 더불어 목적감과 고통에 대한 존엄치료의 효과와도 높은 상관이 있었다($\gamma = 0.444$, $P < .0001$). 개입에 의한 고통의 경감은 인생에서 많은 의미를 찾아내는 것($\gamma = 0.343$, $P = .001$), 목적감이 높아지는 것($\gamma = 0.444$, $P < .0001$)과 유의미한 상관이 있었다. 마지막으로 존엄치료가 가족에게 도움이 되었거나 앞으로 도움이 될 것이라는 신념은 인생에서 보다 많은 의미를 찾아내는 것($\gamma = 0.480$, $P < .0001$), 목적감을 가지는 것($\gamma = 0.562$, $P < .0001$)과 의미 있게 관련되었고, 고뇌 수준의 저하

($\gamma = 0.327$, $P = .001$), 살 의사의 증가($\gamma = 0.387$, $P < .0001$)도 수반되었다.

논의

삶의 마지막을 향하는 환자에게 종종 동반되는 고통과 고뇌를 줄이기 위한 비약리학적인 특별한 설계의 개입은 거의 없다.* 많은 개입의 이론적 근거는 환자가 자신의 고뇌를 되도록 눈치 채지 못하게 하는 것이다. 그러므로 전략적으로는 환자가 자신의 고뇌 혹은 고통을 개선할 때까지 또는 좀 더 흔하게는 죽을 때까지 고뇌와 고통을 눈치 채지 못하게 유도한다. 그 결과, 분명하게 존재하고 있는 마음의 고통에 대한 원천이나 근원이 명확히 대처되지 못한 채 정서적 무통 상태를 제공한다.

존엄치료는 말기 질환에 대해 경험적으로 유효하다고 생각할 수 있는 존엄 모델에 근거한 새로운 단기 정신치료적 접근이다. 이 모델에 의해서 치료 구조, 내용 그리고 전달방식이 마련되었기에 임종을 앞둔 환자의 병실에서도 그 실행이 가능하다. 대부분의 증상에 초점을 둔 다른 개입과는 달리, 존엄치료의 이익은 지지적이고 자양적이며 죽음을 사정거리에 둔 사람들조차 접근하기 쉬운 체계 안에서 지속적인 자기 가치감을 강화하면서 의미감과 목적감을 고조시킬 수 있다는 데 있다.

---

* Hedtke L, Winslade J: *Re-membering Lives: Conversations with Dying and the Bereaved*. Baywood Publishing Company, Inc, Amityville, New York, 2004.

낮은 거부율(19.6%)과 유사하게 낮은 중단율(22%)(후자는 주로 축어록을 완성하기 전에 병이 악화되거나 사망해서다.)은 진행성의, 삶을 제한하는 질환의 환자를 위한 이 개입이 실행 가능성이 높고 가치 있음을 말해 주고 있다. 임종을 앞둔 간암 말기의 55세 여성은 남겨질 문서를 완성한 지 며칠 후에 사망했다. 위독한 건강 상태와 호흡곤란에도 불구하고, 그녀는 자신이 좋아하는 외국 영화에서 마음에 드는 등장인물의 이름이 생각나지 않아 고민하다가 결국 아이의 이름으로부터 유추하여 이름을 붙였다는 내용의 속삭임을 할 수 있었다.

조사 결과는 참가자의 대부분이 존엄치료를 얼마나 바람직한 것으로 받아들였는지를 나타내고 있다. 만족도(93%), 희망(91%), 존엄(76%), 목적감(68%)과 의미감(67%)의 측정에서의 긍정적인 평가는 처음에 환자가 강한 심리사회적·실존적 고통을 호소했든 그렇지 않았든 간에 유익한 결과를 얻을 수 있던 것을 시사했다. 이러한 개선 사항에 대한 양적인 기술을 시도하고자 한 설명은 처음부터 고통의 경험을 낮게 보고한 환자라고 할지라도 개입으로부터 도움을 받았다고 대부분이 보고하고 있음을 보여 주고 있다. 그 밖에도 특별히 언급해야 할 것은 81%의 환자가 존엄치료가 가족에게 도움이 되거나 도움이 될 것이라고 느끼고 있다는 것이다. 이러한 인식은 목적감과 의미감의 상승과 더불어 고통의 완화와 살 의사의 고조와도 관련이 있다. 존엄치료가 다른 말기 케어 개입으로서 차별화된 것은 그것이 환자에게뿐만 아니라 가족원들에게도 유익하다는 것이다. 다시 말하면, 존엄치료는 다세대에 걸쳐서 영향을 줄 수 있다.

양적 결과를 되돌아보면서 주목해야 할 것은 우리가 치료적 영향력을 얻는 가능한 영역을 조사하기 위해서 폭넓은 범위의 결과를 모으려 한 점이다. 그리하여 보다 적은 수를 선택하여 보다 상세한 측정을 한 것이 아니라 많은 수의 대상에게 짧은 측정을 하였다. 그리고 또 하나 명심하길 바라는 것은 환자들은 연구가 지속되는 동안에도 점점 죽음에 가까워졌다는 것이다. 따라서 고통의 측정에서 개선을 나타내는 과제는 보다 어려운 것이었다. 그렇지만 우울과 고뇌는 특히 존엄치료에 반응하는 것으로 나타났다. 죽음이 가까워짐에 따라 대부분은 고통이 심해진다는 다른 연구 결과[14], [15]를 생각한다면 이것은 특별히 기록할 만한 것이다.

(삶의 질, 존엄, 고뇌 그리고 자살 가능성에 대한 측정에 반영되듯이) 처음부터 고통을 안고 있던 환자는 개입을 유효하다고 생각하기 쉬운 것 같다. 신체적 쇠약이 진행됨에 따라 삶의 질이나 안녕감은 당연히 퇴행해 나가는 반면, 고뇌나 우울 그리고 존엄감(이들 모두 환자의 내면 심리학적이고 영적인 생활의 여러 측면이다.)은 탄력성 혹은 신체의 쇠약에 관계없이 개선되는 경우가 있다.

치료적 개선이 촉매되는 방법을 탐색하는 것은 흥미롭다. 예를 들어, 존엄치료의 유효 효과는 의미감과 목적감을 높일 수 있었던 감각에 관련되어 있다. 그것들은 어느 쪽이나 고뇌의 경감, 죽음에 대한 욕구의 감소 그리고 살 의사의 고조와 밀접하게 얽혀 있다. 완화치료에서 환자와 가족은 하나의 케어 단위로 언급되는 경우가 많다.[16] 이를 염두에 둔다면 가족에게도 이와 같은 개입이 유익하거나 유익할 것이라 느낀 환자는 고뇌의 경감, 살 의사의 고조와 함께 의미감과 목적감의 상승을 보고하는 경우가 많아질 것이다. 죽어 가는 사람들에게 자신이 남기고 가야 할 사람들의 안녕을 지킨다는 유익한 영향으로 말기 자체도 넘어서게 되는 것이다.

우리는 이 연구의 한계를 몇 가지 인식하고 있다. 이 연구는 주로 악성 질환에 의한 말기의 고령자를 대상으로 하고 있다. 따라서 이와 같은 개입이 모든 연령층 및 모든 말기 상태에 순조롭게 적용 가능하다고 말하는 것은 시기상조다. (현재 우리는 근위축성 측색경화중 환자에 대해서 존엄치료를 소그룹으로 실시하고 있다. 이 그룹은 축어록 실시에 대해서 특히 후방 지원의 어려움을 겪고 있지만 결과는 상당히 희망적이다.) 무엇보다 중요한 것은 이 실험이 실행 가능성 연구로서 행해졌다는 것이다.

이와 같은 한계에도 불구하고 존엄치료는 말기 환자의 고뇌와 고통에 대처하기 위한 실행 가능하고 유효한 새로운 접근이라고 생각된다. 증거가 모임에 따라(그리고 적합한 훈련이 진행됨에 따라), 우리는 이것이 심리사회적 종약학의 기술과 경험을 가진 개인에 의해 실시되어야 한다고 생각한다. 건강 케어 실천가도 이 연구의 증거가 매일의 임상적 만남을 환자의 인격을 인증하고, 강화하고 가능하면 다시 긍정하는 하나의 기회로 삼는 것의 중요성을 말해 주고 있다는 점을 염두에 두어야 할 것이다. 존엄치료의 국제적 시험적 시도가 최근 위니펙(캐나다), 뉴욕(미국), 퍼스(오스트레일리아)에서 미국건강연구소(National Institutes of Health)의 기금으로 시작되었다. 우리는 이와 같은 시험적 시행에 의해서 말기에 자주 보이는 고뇌와 고통의 새로운 치료적 접근을 지지하는 필수적 증거를 얻을 수 있기를 바라고 있다.

 미 주

1) Chochinov HM, Hack T, McClement S, et al: Dignity in the terminally ill: An empirical model. *Soc Sci Med* 54:433-443, 2002.

2) Chochinov HM, Hack T, Hassard T, et al: Dignity in the terminally ill: A cross-sectional cohort study. *Lancet* 360:2026-2030, 2002.

3) Chochinov HM: Dignity-conserving care: A new model for palliative care. *JAMA* 287:2253-2260, 2002.

4) Chochinov HM: Dignity and the eye of the beholder. *J Clin Oncol* 22:1336-1340, 2004.

5) Field MJ, Cassel CK (eds). *Approaching Death: Improving Care at the End of Life*. Washington DC, National Academy Press, 1997.

6) Breitbart W, Rosenfeld BD, Passik SD: Interest in physician-assisted suicide among ambulatory HIV-infected patients. *Am J Psychiatry* 153:238-242, 1996.

7) Meier DE, Eammons CA, Wallenstein S, et al: A national survey of physician-assisted suicide and euthanasia in the United States. *N Engl J Med* 338:1193-1201, 1998.

8) Wilson KG, Grahan ID, Viola RA, et al: Structured interview assessment of symptoms and concerns in palliative care. *Can J Psychiatry* 49:350-358, 2004.

9) Van der Maas PJ, Van Delden JJM, Pijnenborg L, et al: Euthanasia and other medical decisions concerning the end of life. *Lancet* 338:669-674, 1991.

10) Cassel EJ: The nature of suffering and the goals of medicine. *N Engl J Med* 306:639-645, 1982.

11) Frankl VF: *Man's Search for Meaning* (ed 4). Boston, MA, Beacon Press, 1992.

12) Graham KY, Longman AJ: Quality of life in persons with melanoma: Preliminary model testing. *Cancer Nurs* 10:338-346, 1987.

13) Bruera E, Kuehn N, Miller MJ, et al: The Edmonton Symptom Assessment System (ESAS): A simple method for the assessment of palliative care patients. *J*

Palliat Care 7:6–9, 1991.

14) Hwang SS, Chang VT, Fairclough DL, et al: Longitudinal quality of life in advanced cancer patients: Pilot study results from a VA medical cancer center. *J Pain Symptom Manage* 25:225–235, 2003.

15) Kornblith AB, Thaler HT, Wong G, et al: Quality of life of women with ovarian cancer. *Gynecol Oncol* 59:231–242, 1995.

16) McIntyre R: Support for family and carers, in Lugton J, Kindlen M (eds): *Palliative Care: The Nursing Role*. Edinburgh, Scotland, Churchill Livingstone, 193–215, 1999.

제2부

일본에서의
존엄치료

04
크리스천이 되어 다행이라고
생각하며

− 59세 여성, 폐암

이제부터 읽게 될 문서는 내가 아이치현 암센터에 입원해 있던 2006년 6월 2일에 완화치료의 일환으로 작성한 것입니다. 이것은 정신과 코모리 선생님과의 '존엄치료'(당신의 소중한 것을 소중한 사람에게 전하는 프로그램)에 대한 기록입니다. 아홉 가지 질문을 주고받은 우리의 1시간가량의 면접을 녹음하고 축어록을 만든 다음, 선생님이 그것을 조금 편집해 주었습니다. 그리고 며칠 후에 내가 그것을 검토하여 최종판으로 만들었습니다.

내 인생에서 가장 기억에 남는 건 결혼하여 가정을 꾸린 것입니다. 가장 생기 있었던 때는 아이를 기르던 일에 흠뻑 빠져 있었을 때쯤이 아닐까요. 남편의 빠듯한 월급으로 살림을 꾸려 나가면서 아이를 잘 기르고 싶었어요. 공부를 잘하는 아이는 아니더라도 마음에 여유가 있는 아이로 자라기를 기대했지요. 결국 경제적으로 뒷바라지할 수 있는 것이 어느 정도 정해져 있었기에 우리가 할 수 있는 한 열심히 했고 그것으로 만족한다고 생각했어요. 가난하지는 않았고, 남편과 나는 생각하는 것이 같았기 때문에 우리는 우리 나름대로 행복했어요. 지금도 행복합니다. 우리 아들은 고등학생 때부터 기숙사 생활을 하고 있었으니까 그때부터 15년 정도인데, 뭐라 할까, 제대로라고 해야 하나, 분별력 있는 청소년이 되어 줄 것을 바라고 있었어요.

가족들이 나에 대해 기억해 주었으면 하는 건, 아들도 딸도 남편도 "우리는 아니지만 엄마는 크리스천이라서 다행이야."라는 거예요. 내가 주님을 믿고 언제나 기도하고 있기 때문에 나 자신이 인생에서 기억해 둘 만한 에피소드도 여러 가지 있어요. 시간을 특별히 내서 하는 건 아니었지만 그건 기도나 기도한다고 느낄 때에도, 성경도 내겐 큰 의미가 있었어요. 암에 걸렸을 때도 나라서 다행이다. 나니까 큰 선물이라고 생각할 수 있다는 부분이 있어요. 그걸 잊지 말아 줬으면 좋겠네요.

(가족으로서의 역할, 직업상의 역할, 지역에서의 역할 등) 내가 살아가면서 이루어 낸 역할 중 가장 소중한 게 무엇인지에 대한 질문을 받았어요. 행복하다고 생각하는 건 지금도 마음이 딱 맞는 친구가 있다는 사실이 아닐까요? 어떤 역할을 해도 도움을 받았다는 느낌, 내가 전부 해야 하는 게 아니라 '좀, 도와줄래.'라고 할 수 있을 만큼 잘해 왔다는 거예요. 가족과 주변

사람들에게 신세 진 게 많았어요. 내가 건강했을 때 열심히 다른 사람을 돌봤어요. 내가 그렇게 했다고 그 사람에게 돌려받지 않아도, 다른 곳에서 되돌려 주는 거겠지요?

가족 안에서 내가 역할을 최대한 잘했는지는 모르겠지만 열심히 는 했어요. 너는 너, 나는 나인 부분도 있으니까요. 내가 기뻤던 건 기숙사 생활을 하고 있는 아들에게 내가 뭔가 해 줄 수 있을까 해서, 어느 정도랄 것도 없이 그림엽서를 쓰는 정도로, 고등학생인 아들은 '으엑!' 하고 생각했을 텐데, 그래도 항상 써서 보냈어요. 기숙사에서는 편지가 오면 이렇게 가로로 쭉 늘어놓았대요. 그러면 거기서 불량학생이라고까지는 말할 수 없더라도 그런 느낌이 드는 아이가 "좋겠다, 너희 집은." 하고 말한대요. 아들이 "우리 집은 그렇게 잘사는 것도 아닌데 그렇게 돈이 많이 드는 학교에 들어가서 분에 넘치지만, 친구들이 '넌 좋겠다.' 고 말하면서 편지를 건네줬어."라고 하더군요.

"당신이 이룬 가장 중요한 성취는 무엇입니까? 무엇을 가장 자랑스럽게 생각합니까?"라고 묻는다면, 나는 바로 "그건 바로 크리스천입니다!"라고 대답할 거예요. 1982년에 세례를 받고 난 후 어떤 망설임도 없이 여기까지 왔어요. 이렇게 말하고 나면 "어머! 부끄러워."라고 덧붙이지만, 크리스천이 되어서 좋았다고 생각해요. 생명은 만들어진 것이기에 숨이 다할 때 다하더라도 주님의 것이라고 확신을 가질 수 있는 것. '크리스천이 아니었다면' 이라는 건 상상도 할 수 없어요.

크리스천이 된 계기는요, 시아버님이 돌아가신 후에 나는 올케언니에게 굉장히 거친 말을 들으면서 '이렇게 나쁜 말이 있구나.'라며 매우 놀랐어요. '부녀자 신우회'에도 그전부터 가입했고, 대학도 미션스쿨이었죠. 목사님의 말씀도 좋았어요.

지난번 뇌에 방사선치료를 하는 15회 중 열 번째 날에 눈물이 흘러 넘쳤어요. 그건 역시 이걸로 치료는 끝이고, 마지막일 거라는 생각 때문이었지요. 열 번째부터 몸이 점점 쇠약해졌기 때문이겠지요? 그때의 눈물은 어떤 눈물일까? 마지막 치료라는 것과…… 이렇게 머리가 망가져 있으니까, 나는 머릿속에 암이 전이되어 있으니까, 모르겠어요……. 몸이 만신창이이니까 마음도 약해졌다고 생각해요.

사랑하는 사람들에게 말해 두어야 한다고 지금까지 느끼고 있는 것이나 다시 한 번 말해 두고 싶은 것은…… 그래, 남편은 62세니까 남편은 남편대로 생활했으면 하는 거예요. 두 아이는 아직 미혼이지만, 음, 건강해라, 그 정도일까요.

사랑하는 사람들에 대한 희망이나 바람은 담담하게 생활해 주었으면 하는 거예요. 자신의 일과 자신을 생각해 주었으면 하는 거죠. 동경의 아파트는 남편의 취향대로 다시 인테리어를 해서 살면 좋겠어요. 나도 이렇게 저렇게 여러 가지 생각해 봤지만, 남편 마음대로가 괜찮아요. 열심히 바꿔 보길 바라요. 다시 수리해서 깨끗하고 예쁘게 꾸미고 살아 줬으면 좋겠어요. 예산은 어떻게 될지 모르겠지만요. (웃음)

내가 살아가면서 배운 것으로, 다른 사람들에게 전하고 싶은 것은 역시 이거예요. "항상 기뻐하라. 쉬지 말고 기도하라. 범사에 감사하라. 이것이 그리스도 예수 안에서 너희를 향하신 하나님의 뜻이니라."(데살로니가전서 5:16-18) 생명을 만드신 하나님 아버지, 창조주입니다.

장래에 가족에게 도움이 되도록 남겨 두고 싶은 말은 이 노트에 있어요. 말기치료로 항암제나 방사선은 연명치료니까 괜찮지만, 인공호흡기 같은 연명 조치는 싫습니다.

마지막으로 선생님이 "이 영구 기록에 포함하고 싶은 다른 것이 있습니까?"라고 물어보셨을 때 내가 "지금 생각이 안 난다."고 대답했지만, 곧 한 가지 떠오른 게 있었어요. 남편의 35주년 재충전 시간으로 가족 네 명이 함께 해외여행을 간 거예요. 이번에도 올해가 마지막이라 생각하면서 오스트레일리아에 갔을 때 아들과 딸이 모두 시간을 내서 가 준 것을 고맙게 생각하고 있어요. 보통은 그 나이에 싫어하면서 안 가기 마련이잖아요? 그래도 같이 가 준 게 너무 좋았어요!!! 이걸 마지막에 말해서 선생님에게 지적받았지만, 이건 저의 감사 표시니까요. 이렇게 말하고 매듭 지을 수 있어서 너무 기뻤어요.

2006년 6월 2일

A

추신: 이 면접에서 사용된 질문은 케나다 위니펙의 정신과 의사에 의해 만든 것이라고 들었어요. 그래서 시작하

기 전에 옛날에 위니펙에 여행을 갔다고 선생님과 얘기를 나눴죠. 그랬더니 마지막도 여행 이야기로 마무리가 되어서, 마치 돌고 돌아서 일주를 하고 온 기분이었어요.

문서 작성자 메모: A씨는 불안을 이유로 정신종양 진료과에 의뢰된 사례입니다. 문제를 명확히 하자마자 남편이 죽음에 관해 이야기를 나누는 것에 대해 소극적이라고 말했습니다. 당시에 나는 아이치현 암센터 중앙병원에 근무하면서 막 나고야 시립대학 정신과 아케치 다스오 교수의 스터디 모임에도 참가하기 시작한 때였습니다. 5월 25일 그곳에서 존엄치료에 대한 이야기를 듣고 그녀에게 존엄치료가 가장 적절하다고 생각했습니다. 바로 초치노프 논문(제3장)을 번역하여 대강의 줄거리를 이해한 후, 그다음 주에 녹음 면접을 했습니다. 그 결과, 그녀는 예상 외로 남편으로부터도 고맙다는 인사를 들었으며, 암이 뇌로 전이되었음에도 불구하고 주치의도 놀랄 정도로 오래 생존했습니다. 당시에 그녀가 존엄치료에 임해 주지 않았다면 과연 이 책에 기록되어 있는 그 이후의 존엄치료 작업들로 전개될 수 있었을지 의문입니다. 특히 그녀가 크리스천이었고 존엄치료에 임함에 있어 문화적 지향성이 있던 것은 커다란 우연이었다고 생각합니다. 이 문서는 항암연맹(Anti-cancer League) 홈페이지*에 공개되어 있습니다.

---

* http://www.pref.aichi.jp/cancer-center/200/235/index.html

05
지역에서 주어진 역할을 해내는 것은 B집안이었다

- 69세 여성, 자궁암

이제부터 읽게 될 문서는 내가 아이치현 암센터에 입원해 있던 2006년 6월 30일에 완화치료의 일환으로 작성한 것입니다. 이것은 정신과 코모리 선생님과의 '존엄치료' (당신의 소중한 것을 소중한 사람에게 전하는 프로그램)의 기록입니다. 아홉 가지 질문을 주고받은 우리의 1시간가량의 면접을 녹음하고 축어록을 만든 다음, 선생님이 그것을 조금 편집해 주었습니다. 그리고 며칠 후에 내가 그것을 검토하여 최종판으로 만들었습니다.

첫 질문은 '자신의 인생 중에 가장 생기 있던 때' 에 대한 것이었습니다. 남편이 숙부의 뒤를 이어서 인쇄업을 시작했을 무렵일까요. 유모차로 다녔습니다. 매일 한 장씩 뜯어서 넘기는 달력을 만들었는데 잘도 해 왔다고 생각합니다. 그러는 사이에 캘린더로 바꿔서 사람을 쓰는 것이 힘들었어요. 쇼와 40년(1965년)경은 모두가 열심히 일하던 시대였지요. 아직도 그 기계를 사용하고 있어요. 결혼할 때, 어머니로부터 "육체노동에서는 남자에게 지지만, 다른 것에서는 지지 않아."라고 들은 게 지금까지 마음속에 남아 있어요. 말씀한 대로 되었지요.

가족이 기억해 주길 바라는 건 사이좋게 지내 주었으면 하는 거예요. 남편과 아들들은 별로 잘 지내지 못하는 것 같아요. 지난번에도 아파트가 거의 반은 비어 있어서 딸아이가 그걸 빌려 주면 매달 돈이 들어온다고 말했는데, 남편은 그런 이야기 자체를 싫어하면서 매달 100만이나 150만에 매달리는 것보다 장사로 그 이상을 버는 걸 생각하라고 말했다네요. 반드시 맞는 건 아니지만 젊은 사람은 젊은 사람의 생각이 있는 건데, 매달 정해진 수입이 들어오는 건 안정적이고, 돈을 버는 게 지금은 어려우니까, 그것도 좋지 않을까 생각해요. 남편은 벽창호예요. 벽창호가 되지 않기를 바라요. 당신도 나이가 있어서, 이제 아무리 정정해도 옛날처럼 고급차 링컨을 운전해서 큐슈나 홋카이도에 갈 수 없으니까요. '집을 지은 건' 남편이지만요.

내가 '인생에서 이루어 낸 역할'에 대한 질문을 받았는데 바로 대답이 나오지는 않았지요. 우리 지역에는 대표제라는 게 있어서 공동체의 대표, 부대표, 신사일 담당자, 어린이회 그리고 노인회가 있어요. 축제 때가 되면 그들이 주축이 되어 오미코시(제례가마)를 고치거나 했죠. 매달 회비를 걷었지만, 우리가 붕어빵이나 야키소바를 만드는데, 모두 무료였기 때문에, 다른 마을 사람들도 왔어요. 인심 좋게 나눠 주기 때문에 꽤 성황을 이루었고, 부녀회에 소속되어 열심히 팥을 삶거나, 중고 붕어빵 기계를 사와서 굽거나 떡을 쪄서 콩가루를 묻히고 모두 참 즐거워했죠.

동네 신사를 건축해야 할 때가 있었어요. 남편은 그전 해에 대표를 했지만, B씨가 후임을 하지 않으면 안 된다고 해서 다음 해도 부대표를 했어요. 그래서 남들과 비교해도 부끄럽지 않은 것을 만들어 낼 수 있었지요. 50대 무렵이었으니까요. 청소도 깨끗이 하고, 신을 맞을 수 있었어요. 그전에도 인상적인 것은 대표와 부대표는 선거에 관여해서는 안 된다고 들었는데도 동사무소에서 사무실을 빌리는데도 남편에게 상담하러 올 정도였어요.

비교적 모두의 말을 잘 들어줬거든요. 그 시대에는 월급이라는 게 없었지만 시아버님도 신사의 사무를 관할하는 곳에서 회계 담당자를 했었지요. 지역의 인사로 무슨 일이 있으면 'B씨, B씨' 하고 찾는 그런 집에 시집을 갔어도 그걸 이어갈 정도의 며느리가 아니어서 나가는 걸 싫어했지요. 하지만 누군가 '어려움을 겪고 있다' 는 말을 들으면 사람을 만나 잘 이야기했어요. 누군가가 힘 있는 듯 위세를 부릴 때도 있지만, 어떻게든 수습하면서 해 왔어요. 지역에서 역할을 해내는 것은 우리 집안이었지요. 할머니는 하지 않았지만, 그 대신에 하는 사람이 나오는 것은 대단한 거죠. 어떻게든 해낸 거예요.

'성취'라고 하면, 'B씨의 부인이니까'라는 거예요. 대놓고 뭔가 들은 건 없지만 그런 인간관계를 만든 것이라고나 할까요. 강하게 말하려는 게 아니라 '이런 식으로 하면?' 정도로 가볍게 말해도 그렇게 되어 버렸어요. 어떤 일이 있어도 내가 이끌어 갈 생각은 없었어요. 그저 근처 이웃이 잘된다면 그게 가장 좋다고 생각했는데, 지금까지는 잘 가고 있다고 생각해요.

사랑하는 사람들에게 말해 두어야 한다고 지금도 느끼고 있는 것은 며느리와의 관계입니다. 며느리가 미운 것도 아니고, 특별한 감정을 가지고 있는 것도 아니에요. 나도 그렇지만 며느리도 며느리 나름대로 내가 모르는 우리 가족에 대한 불만이 있겠지요. 내게 가장 소중한 며느리이니까 사이좋게 지낸다면 그것으로 됐어요. 우리 집에 오면 여자가 많아서 일하지 않아도 괜찮다고 말해 줘요. 숙모는 손자가 김치를 좋아한다고 만들어 주기도 하고 용돈도 주거나 하지만 아직도 서로 나눠야 할 게 많겠지요.

'사랑하는 사람들에게 바라는 희망'은 뭐 사이 좋게 지내달라는 것뿐이랄까요. 캐나다에 간 딸에게는 "나름대로의 각오를 해라."라고 말했어요. 그랬더니 "알고 있어."라고 하더군요. 나 때문에 이렇게 오래 여기 와 있는 동안 "남편이 바람 피우면 용서하지 않을 거예요. 남자는 모르기 때문에."라고 말했어요. 노력해도 잘 안 되면 이곳에 돌아와도 좋아요.

내가 인생에서 배운 것 중 다른 사람들에게 전해 주고 싶은 건 마음가짐의 방법이에요. 마음을 이상하게 먹으면 왠지 모르게 생각도 이상하게 하게 되니까요. 꼬이지 않은 마음으로 상대방을 생각하면 분명히 잘되어 가리라 믿어요. 우리 가족은 그런 부분을 자기 나름대로 가지고 있는 게 아닐까요. 사람을 끝까지 미워할 만한 일은 없다고 생각해요. 유산도 나눌 만큼 있는 게 아니지만 적으면 적은 대로 살아갔으면 좋겠어요. 모두 나눠 버리면 아무것도 남지 않을 테니까요. 게걸스럽게 욕심을 부리지 않아도 되지 않을까요? 법도 자주 바뀌니까 뭐가 있으면 제대로 했으면 좋겠어요.

'장래 가족에게 도움이 될 조언'도 같은 말의 반복이네요. 사이 좋게 지내라는 것. 으르렁거리는 것만은 하지 말아 줬으면 좋겠어요.

마지막으로 선생님이 "달리 뭔가 남기고 싶은 것은 있습니까?"라고 물으셔서, "문서가 된 시점에 다시 생각하겠습니다."라고 대답했지요. 내가 워낙 빈틈이 없는지도 모르겠네요.

구토도 좋아지지 않지만, 수면제로 어떻게든 버티고 있다는 느낌이에요. 벌써 한 달 동안 밥을 먹지 못하고 있기 때문에

7월은 각오해 두지 않으면 안 돼요. 그렇게 말하면 남편은 슬퍼하겠지만, 어느 쪽이 앞서도 마찬가지니까요. 그래도 남편은 걱정인 듯해요. 나는 '서로 힘내자고요!'라고 생각하지만.

2006년 6월 30일

B

문서 작성자 메모: B씨는 구토가 주요 증상으로 소개되었습니다. 약물치료에 의해 구토가 어느 정도 편해지자, 죽음을 코앞에 두고 있는 것은 아니지만 계속 누워 있어야 하는 투병생활을 앞두고 있어서인지 존엄치료에 도전하게 되었습니다. 존엄치료를 마친 지 일주일 만에 선망이 시작되어 존엄치료를 시행할 때 타이밍의 어려움을 실감할 수 있었습니다. 첫 번째 사례와는 달리 '집안'을 우선시하고 부녀 모임이라는 지역활동을 소중히 여기는 일본적인 여성상을 그려내고 있어서, 존엄치료가 일본에서도 적용될 수 있다는 것을 느낄 수 있었던 사례입니다.

06
가족은 통틀어 개와 고양이
– 59세 여성, 폐암

이제부터 읽게 될 문서는 내가 아이치현 암센터에 입원해 있던 2006년 9월 28일에 완화치료의 일환으로 작성한 것입니다. 이것은 정신과 코모리 선생님과의 '존엄치료' (당신의 소중한 것을 소중한 사람에게 전하는 프로그램)에 대한 기록입니다. 아홉 가지 질문을 주고받은 우리의 1시간가량의 면접을 녹음하고 축어록을 만든 다음, 선생님이 그것을 조금 편집해 주었습니다. 그리고 며칠 후에 내가 그것을 검토하여 최종판으로 만들었습니다.

내 인생에서 가장 기억에 남는 것을 말해 달라고 하셨지만 특별히 없습니다. 그래도 굳이 말하자면 7마리의 고양이, 1마리의 개와 관련된 것입니다. 모두 서로 건강하고 활발하게 살았던 무렵으로 그게 내 인생에서 제일 그립다고 할까, 즐거웠다고 할까, 중요했다고 할까요. 기억하고 있는 사건은 여러 가지 있습니다. 고양이는 모두 주인 없는 고양이여서 결코 건강하지 않았기 때문에 의사에게 지불한 진료비도 상당히 들었지요. 그때는 우리도 건강했어요. 아이는 없었지만 즐거웠어요. 아이가 없어서 외로우니까 대신 개나 고양이를 기르냐는 얘기를 자주 들었지만 그런 게 아니에요! 개나 고양이가 있으면 집을 비울 수 없지 않느냐든지, 아이가 없으면 운동회나 학교 행사나 어린이회 관련 일도 없어서 편하지 않냐고 말하는 사람도 있지만 그건 모르는 사람이 하는 말이지요. 정말로 모두가 건강하고 밝다는 것은 즐거운 일이에요. 많이 먹고 자주 싸우고. 8마리가 동시에는 아니더라도 대규모로 말이지요. 1마리로는 외로워요. 2마리여도 마찬가지고요. 그럼 3마리 기를까, 그렇게 되면 3마리나 4마리나 마찬가지네. 아이들의 운동회나 학교 행사와 같은 개나 고양이 관련 행사는 없어도 생일파티는 해 왔어요. 엄청 좋아하는 것을 먹자며 메뉴는 조금씩 달라요.

나 자신에 대하여 가족이 기억해 주었으면 하는 것을 생각되면, 내게 있어 가족은 남편과 개와 고양이를 모두 포함해서 비록 이야기를 알아듣지는 못해도 말이에요. 특별한 게 아니에요. 그래도 굳이 말하자면 내 인생에서 가족이 제일 소중했다는 거예요.

(가족으로서의 역할, 직업상의 역할, 지역에서의 역할 등) 자신의 인생에서 이룬 역할 중 가장 소중한 것은 무엇인지 질문 받았습니다. 세 가지 역할은 같았다는 느낌이 듭니다. 가족

으로서는 어머니라는 역할. 개와 고양이한테라도 어머니인 한, 의식주를 담당하지요. 직업은 경리로, 프로 경리였다고 생각합니다. 지역에서의 일이라면 반상회나 취미 모임에서 회계를 맡고 있었다는 거네요. 계속해서 돈 관련 일을 했다고 하는 것이 되네요. 중요성은 모두 똑같지만, 결국 가족으로서의 역할이 제일 컸지요.

"당신에게는 무엇이 가장 자랑스럽습니까?" 라고 물었을 때 '8마리의 개와 고양이와의 관계' 라고 무심결에 마음속 말을 내뱉어 버렸네요. 모두 주어진 수명까지 충분히 다 누린다면 좋겠지만, 현재 15년이라는 긴 세월 동안 하나도 빠짐없이 함께 살 수 있었던 것. 한심한 자랑일까요? 하지만 인간으로 말하자면, 부모가 70, 80이 되도록 자녀가 한 명도 죽지 않고 생존해 있는 셈이니까요. 생각해 보니, 개나 고양이를 키울 수 없는 집에서는 작은 새를 키웠네요. 잉꼬와 문조였죠. 그것들은 병에 걸리지는 않았지만 도망쳐 버렸어요.

사랑하는 사람들에게 말해 두지 않으면 안 된다고 지금까지 느끼고 있는 것이라든지 다시 한 번 말해 두고 싶은 건 특별히 없네요.

가족에 대한 희망과 바람은…… 뭐, 일반적인 거예요. 언제까지나 건강하고 젊고 기운차게 오래 살아 주었으면 좋겠어요. 내가 아파서 더 그렇게 생각하고 있는지는 모르겠지만 그보다 더 중요한 게 뭐겠어요.

내가 인생으로부터 배운 것 중에 다른 사람들에게 전해 주고 싶은 것을 말하라 해도 그렇게 큰 건 없어요. 내가 과장된 걸 말하거나 한다면 어떻게 하실 건가요?

그래도 선생님이 "누군가에게 전할지 어떻게 할지는 별개로 하더라도, 배운다는 것은 자신이 어떻게 변했는지에 대한 실감을 할 수 있는 것이다."라고 하셨기에 그런 식으로 생각해 본다면, 확실히 10대보다는 20대가, 또 그때보다는 지금이 현명해졌다고 생각해요. 박식해졌다고도 할 수 있는데, 사람을 대하는 방식 등이 매끄럽게 되었다고 해야 하나, 자연스러움이 몸에 배어서 솔직하게 자신을 표현해 전할 수 있게 된 것. 그것은 어떻게 해서 배웠냐 하면, '살아 있으니까', 다시 말하면 경험이라는 걸 하면서 얻은 거지요. 하지만 경험으로 쌓은 지식뿐만이 아니라 책을 읽고 얻은 지식도 그에 못지않게 소중하다고 생각해요. 나이를 먹는 것이 건강하기만 하다면 즐거운 일이라는 걸 알았어요. 나이를 먹으면서 현명해지기 때문에.

그랬더니 선생님께서 "이건 정말로 남편에게 보내는 메시지가 되겠군요."라고 지적해 주셨어요. 그럴지도 모르지요. 내가 죽으면 남편은 혼자가 될 테니까요. 건강하게만 있으면 나이를 먹는 것은 즐거우니까, 그렇게 낙심하지 말아 주세요. 그런데 살아가면서 건강이 제일 중요하다는 것에 너무 집착을 해 버렸네요. (웃음) 단지 나이를 먹으면, 예를 들어 여자들의 몸매도 변하니까, 지성도 갖추지 않으면 인생은 시시해져요.

마지막으로 선생님께서 "이 영구 기록에 포함하고 싶은 다른 것이 있습니까?"라고 물어보셨지만 어쩐지 쑥스럽네요. 역시 그만두기로 했다고 말했어요.

2006년 9월 28일

C

문서 작성자 메모: C씨는 심한 우울로 의뢰되었지만, 항우울제를 먹으면서 지속적인 상담을 하자 증상이 빠르게 없어졌습니다. 늑막염에 고인 진물을 빼는 치료가 계속되고 있었기에 움직이는 데 제한이 있었습니다. 이러한 신체적 증상으로 면접이 4인실의 병상에서 여유 없게 이루어졌고 회진의 순서가 언제나 마지막이었기 때문인지는 몰라도 면접을 하는 동안 점차 잡담이 늘고 있었습니다. 한밤중에 피었다가 새벽이면 시드는 선인장인 월하미인이 등장했다고 하면서 한 방 사람들을 즐겁게 했던 것과 결국 졸려서 야근을 하는 간호사에게 사진을 찍어 달라고 했다면서 내게 건넨 사진은 지금도 소중히 간직하고 있습니다. 그녀만큼 편안한 상태에서 존엄치료를 한 사람도 없습니다. 자녀가 없는 부부에 대해 가질 수 있는 양가적인 해석에 대해서도 분명한 저항을 보였던 것처럼, 존엄치료를 진행할 때도 '마지막이 좋으면 모든 것이 좋은 것이다.' 라는 부분을 예민하게 느끼면서 성공적으로 서로가 온화하게 주고받았는지도 모르겠습니다. 이 문서는 항암연맹 홈페이지에 공개되어 있습니다.

전쟁이 끝난 히로시마 땅에 아무것도
남아 있지 않은 것에 대한 두려움

― 76세 남성, 악성 임파종

이제부터 읽게 될 문서는 내가 아이치현 암센터에 입원해 있던 2006년 10월 24일에 완화치료의 일환으로 작성한 것입니다. 이것은 정신과 코모리 선생님과의 '존엄치료'(당신의 소중한 것을 소중한 사람에게 전하는 프로그램)에 대한 기록입니다. 아홉 가지 질문을 주고받은 우리의 1시간가량의 면접을 녹음하고 축어록을 만든 다음, 선생님이 그것을 조금 편집해 주었습니다. 그리고 며칠 후에 내가 그것을 검토하여 최종판으로 만들었습니다.

내 인생에서 가장 기억에 남는 건 전쟁이 끝난 21년(1946년)이었나 22년경에 건축 일을 하던 아버지의 뒤를 이어서 핵폭탄이 떨어진 히로시마에 들어갔을 때 땅 위에 아무것도 없던 것에 대한 두려움이야. 은행인가 그런 건물 옆에 서 있던 사람의 흔적이 검게 남아 있었어. 사람만 녹아 있는 것처럼 가득 남아 있어서, 그걸 보는 것만으로도 눈물이 나왔지. 이렇게 무서울 데가…… 지금 시대에 말해도 소용이 없다고 생각하지만, 히로시마와 나가사키의 그 모습을 본 사람은 모두 핵을 반대한다고 생각해. 요새 핵폭탄은 북한 때문에 화제가 되고 있지만. 평화공원 근처에 공사를 하러 들어갔던 강바닥에는 사람들의 해골이 무척 많았어. 광선에 맞은 쪽 기와는 녹아 있고 그렇지 않은 쪽은 그대로 남아 있었지. 핵폭탄이 떨어진 게 8시 20분쯤이었나. 학생들은 학교에서 아침 조회를 하다가 큰 변을 당했을 것 같아. 우리는 30명쯤이 한 조가 되어 철골로 다리를 만들었어. 토대가 되어 있는 곳이어서 반 년 정도로 끝낼 수 있었지. 나카가와 같은 곳이어서 아무래도 다리가 없으면 교통편이 나쁘지. 마을하고 마을 사이에 다리가 없으면 아무것도 할 수 없으니까. 21년이나 그 정도였을 거야. 아직 독신이어서 힘이 좋았지. 이런 말을 할 때마다 아들은 "그때 히로시마에 가서 방사능에 노출되었기 때문에 암에 걸렸다."라고 말하지만.

도야마에서 가장 처음으로 철골로 아치형 다리를 만들었던 때에는 방송국에서 취재하러 오고, 부녀회도 매일 견학을 온 것이 기억나. 지금처럼 크레인이 없던 때여서 산에서 나무를 잘라 와서 그런 걸 만들어야 하는 거야. 토대부터 말이야. 그런 힘든 일이 있어도 즐거움 하나로 해낼 수 있었어. 완성되어 가는 것을 보는 건 그림과도 같지. 하나가 틀리면 엉망이 되어 버리거든. 그것도 그림과 마찬가지야. 모든 걸 손으로 만들었지만 지금처럼 정교한 다리를 만들어 내지 않았나. 지금은 못 같은 건 박지 않지만, 그땐 달라서 어두워진 뒤에도 강판 작업을 하는 사람이 빨갛게 달군 못을 30m 정도 위에까지 던져 올리는 걸 텔레비전 방송도 했으니까. 많은 견학자가 오고, 여러 가지를 말하고. 그러면 젊은 사람이 우쭐해져서 "못을 박을 때에는 불알이 탄다."라고 허풍을 떨기도 해서 모두 재미있었지. 그런 일도 있었다네.

결혼은 35세 정도에 했는데 남들보다 좀 늦은 감이 있었나. 결혼하고 나서는 돌아다니기만 해서는 안 된다고 생각해서 공장을 지었지. 그때까지는 홋카이도부터 안 간 곳 없이 여기저기 돌아다녔어. 일이 끝나서 모두들 놀다 오라고 내보낸 뒤, 나는 산에서 스케치를 했지. 좋았어. 좋은 장소가 있으면 기억해 두었다가 스케치하러 가고. 그때가 가장 즐거웠어. 무엇보다 돈을 벌어도 젊을 때니까 쓰고 싶은 곳도 많았고. 철골 작업을 하는 사람이나 고층 작업을 하는 사람들은 성품이 거칠어서 말이야.

내 일에서 중요하다고 생각했던 건 다치게 하면 안 된다는 생명의 소중함이었어. 전쟁으로 죽어 간 사람들을 싫을 정도로 봤으니까. 나는 키가 작아서 비행 하사관 학교에는 들어가지 못했지만, 전쟁 후 내가 본 여러 가지를 아들들에게 이야기했지. 물건이란 조금만 실수를 해도 엉망진창이 된다는 사실을 마음속 깊이 새기라고. 다리는 몇백 몇천 대의 차나 트럭이

건너는 거니까 사람들의 목숨이 걸려 있는 셈이잖아. 그러니까 더 신중해야지. 젊었을 때부터 그것만은 참 많은 신경을 썼어. 내가 언제나 그런 것에 신경을 많이 쓰니까 같이 일하는 동료들은 항상 투덜댔지만, 검사를 제대로 통과하지 않으면 안 된다고 생각했지.

나에 대해 가족들이 기억해 주었으면 하는 걸로는 공사 현장의 사진을 아이들에게 보여 주고, 추위 속에서 공사를 강행해야 했던 일이나 밤에 곰에게 습격당한 일 등 여러 가지를 말해 준 거야.

공장이 어느 정도 안정되어 내가 그림을 그릴 수 있게 된 건 아들들이 대학을 나오고 60세가 지났을 때부터였지. 집에서 그림을 그려도 집 안으로는 들고 들어오지 않았어. 그래서인지 장남도 한가할 때는 그림을 그리고 있어.

선생님으로부터 "일을 열심히 하시면서, 그림도 그리시고, 틈이 나면 조산부로 일하는 부인을 위해 일도 도와주셨으니까 정말 많은 일을 하신 아버지이시군요."라는 말을 들어서 그런 이미지가 떠올랐다고 생각했지. 애들 엄마가 없을 때는 식사 정도는 준비해서 먹여 줬다고 장남은 기억하고 있는 것 같아. 당시엔 기저귀를 너는 걸 주위 사람들이 봐도 신경을 별로 쓰지 않았어. 건축 일을 하는 사람들이 그런 일까지 하는 건 드물지도 모르겠지만. 시골이었으니까 "여자가 하는 일을 하고 있다."는 말을 들어도 그런 건 그다지 개의치 않았지. 아내에게 하고 싶은 것이 있으면 뭐든지 하라고 말했으니까. 곤란했던 기억은 밤중에 둘째 아들에게 우유병을 물려서 재울 때야. 차로 병원에서 데리러 올 때는 뒤에서 난리가 나는 거야. 애는 쉴 새 없이 계속 울어대지, 아이는 우유를 먹여도 평소와는 맛이 다르니까 먹지 않지, 할 수 없이 아이를 업고 밖을 걸은 적도 많았어. 시간이 지나면서 이웃들은 으레 그런 가족이려니 생각하게 되었지.

(가족으로서의 역할, 직업상의 역할, 지역에서의 역할 등) 내가 인생에서 이룬 역할 중에 가장 중요한 것은 무엇이냐는 질문을 받았을 때는 우선 마을에서의 일이 생각났어. 의외로 어려운 거였지. 도시에서 온 사람과 옛날부터 살아온 사람들이 섞여서 함께 산다는 게 말이야. 우리 마을이 모시는 신이 있는 이상, 그들을 그대로 놔둘 수도 없고. 마을 행사에 '종교가 다르다'고 참가하지 않는 사람들이 있었기 때문이야. 신사까지 올라가는 난간 같은 것도 스테인리스로 바꾸고, 사람들에게 부탁하지 않아도 되는 아이디어도 내가 냈지. 시골 사람과 도회지 사람의 중간에 끼어 있는 일은 어려웠어. 이런 게 중요한 것은 마을 안에서 단결심이 없으면 안 되기 때문이지. 그런데 그런 걸 말해도 알아 주질 않아서 곤란하다니까. 단결심이 없으면 모두 엉망이 되어 버려. 마을 사람들이 많이 모이면 축제 때도, 명절 때도, 아이들에게 과자를 줄 때도 아무것도 되질 않는다는 하소연을 내게 하지. 지금도 그래요, 내가 잠시 퇴원해 있을 때도 불평들을 하러 올 정도니까. 그래서 아이들에게도 이런 옛날부터의 풍습은 가르쳐 주었어. 악성 임

파종이라는 걸 진단받고 나서 입원을 기다리는 한 달 동안, 나나 아내 어느 쪽이 먼저 죽든지 모든 걸 두 개로 하자고 말했어. 방명록도 2권으로 나누어 적게 하자고 했으니 더 말할 게 없지. 유산도 반으로 나누었고.

나 자신을 내세울 만한 일은 아직 하지 않았던 것 같은 생각이 드는군. 아직, 아직이라는 느낌이 이 나이가 되어서도 드네. 수명이 이제부터 되돌아오지도 않을 테고. 돌아간다면 모두 모여 주겠지만, 무엇인가를 했다고는 생각하지 않는데 말이야. 상대방은 뭔가 해 준 게 있어서 달려오는 거겠지만. 의지가 되는 부분도 있겠지만, 편한 사람이기 때문에 마음에 들어했을 뿐일 거야.

그림에 대해 물으면서 대표작이 뭐냐고 질문했을 때도 아직 멀었다는 느낌이 들었어. 만족하고 있지 않아. 내게는 100호짜리 그림이 두 개 있지만 반밖에는 완성하지 못했어. 작은 작품들은 좋은 것도 있다고 생각하지만. 악성 임파종으로 입원하면서 형제들이 한 점 두 점 모두 가져가 버렸어. 미완성인 작품을 완성하고 싶어. 붓을 들고 싶어. 할 수 있다면 어딘가 나가서 그릴 수 있을까? 하지만 그럴 수 없겠지.

사랑하는 사람들에게 말해 두어야 한다고 지금도 느끼고 있는 거나 다시 한 번 말해 두고 싶은 건 아내에 대한 것뿐이야. 자식들이 아내를 잘 돌보아 주면 좋겠어. 자신이 하고 싶어서 했다고는 하지만, 일하는 건 힘들었을 거야. 갓난아이를 업고도 병원에 갈 정도였으니까. 병원 선생님은 옆집 할머니에게 아이를 좀 맡기라고 했어도 울거나 모유를 먹이기 위해 아이들을 병원에 데리고 다녔지. 그리고 없고 왔어. 나도 괴로웠지, 보기가 딱해서. 그러니까 엄마를 소중히 대해 줬으면 좋겠어. 아내에게는 얼굴을 보면서 말하진 못했지만 이런 남편과 오랫동안 함께 해 줘서 고맙다고 생각하고 있어. 그뿐이지. 직접 그렇게 말하면 "무슨 말을 하는 거예요."라고 하니까, 얼굴을 보면서 그렇게 말할 수가 없어.

가족에 대한 희망과 바람은…… 그래, 장남은 지금의 일을 잘해서 조금이라도 사업을 키워 준다면 아버지로서 만족해. 큰며느리는 시어머니를 잘 돌봐 주니까 고마울 따름이고. 차남은 차남대로 형과 사이좋게 지내 준다면 좋겠고, 매일 문병 와 줘서 고맙다고 생각하고 있어. 악성 임파종이라는 진단을 받았을 때부터 계속 그랬어. 그런 걸 지금까지 쭉 함께 해 주는 작은 며느리에게도 내가 머리를 들 수 없지. 아내는 지금처럼 그대로 오래 살아 주면 좋겠어. 하지만 불쌍해요, 내가 건강했다면 좋았을 텐데. 지금까지 일만 죽어라 하면서 어떤 것 하나 즐기지 못했다고 생각하니까. 꽃꽂이나 다도 선생 자격증도 가지고 있는데 해 볼 엄두는 못 내는 것 같았어. 일이 너무 바빠서. 그러니까 노는 것보다 일이 더 좋았을지도 모르겠군. 70세가 되어 휘청거려도 와 달라는 데가 있는 모양이야. 간호부장 친구에게 일주일에 한 번만이라도 와달라고 부탁을 받은 것 같은데 가 보면 어떨까. 정기권도 산 것 같으니까.

내가 인생에서부터 배운 것 중에 다른 사람들에게 전하고 싶은 것은 생명의 소중함이야. 난 병원에서는 3개월도 못 간다 했는데, 다지 선생님을 만나고부터 7년을 넘게 살고 있지. 3개월 남았다고 들어서 모두 정리하고 말해 둘 것은 전부 적어 놓았는데 말이야. 그러니까 애들도 생명의 소중함을 잘 알고는 있다고 생각해. 이렇게 오래 살 수 있었던 것에 감사한다고 생각하고 있어. "다지 선생님이 없었다면 힘들었겠지."라고 애들도 말하고 있어. 그래서 차를 탈 때도 항상 조심하고 있어.

그리고 시골 분들과 마을의 동료들과도 잘 지냈으면 좋겠어. 아내가 살아 있는 동안은 잘하겠지만. 옆집 사람은 80이 넘었는데도 정정해서 월요일이 되면 "너무 많이 따서."라면서 손수레로 야채를 툭 던져 놓고 간다네. 아무리 가까운 이웃이라도 그런 것은 제대로 인사를 하지 않으면 안 된다고 생각해. 항상 가르쳤으니까 알아들었을 거라고는 믿고 있어. 이 정도라고 생각해.

2006년 10월 24일

D

문서 작성자 메모: D씨는 급성 골수성 백혈병이 된 악성 임파종을 가진 76세 남성입니다. 어떤 정신적인 증상을 보여서가 아니라 존엄치료를 실시하기 위해 완화치료 팀에 의뢰된 최초의 환자입니다. 집중치료실(ICU)의 클린 룸에서 입원을 하고 있는 동안, 나는 지인처럼 D씨를 방문했습니다. 병실에서 바라본 남쪽 전망을 그린

D씨의 그림([그림 7-1] 참조)을 항암연맹의 홈페이지에 올리게 된 것도 그때였습니다. 그리고 그것이 그의 존엄을 한층 더 지지하는 계기가 되었습니다.

2007년 3월 26일, 여느 때처럼 병동 회진을 하고 있던 중 외래병동에서 30세 된 자궁암 여성의 차트를 발견하고 주웠습니다. 그 길로 병실에 갔더니 방사선치료가 일주일 연기되어 오늘 입원하게 되었다는 것이었습니다. 면담실에서 최근 2주간의 상태를 물었더니, "디지털카메라가 망가졌어요. 그런데 무상 AS가 되지 않는다고 해서 할 수 없이 새로운 것을 샀어요."라고 말했습니다. 무엇을 하다가 망가졌는지 묻자, "사실은 블로그를 만들고 싶었어요. 타이머를 설정하여 머리털이 다 빠진 내 머리를 찍고 싶었어요. 그러다가 카메라가 받침대에서 떨어지는 바람에 부서졌지요. 이건 병에

[그림 7-1] D씨의 작품

걸리고 나서 남기는 여러 가지 기록 중 하나예요.” “그런 거라면 완성되기 전이라도 몇 개만 뽑아서 제게 주시면 홍보용으로 항암연맹 홈페이지에 올릴게요.” “네, 좋아요. 그런데 그럴 만한 대단한 게 아닌데요.” “괜찮아요. 멋진 게 아니어도 암 환자도 일상생활을 하고 있다는 것을 알릴 수 있다면 가치가 있으니까요. 여러 사람의 다양한 소리가 있다는 게 좋은 거죠. 글을 쓰는 게 아니라 그림을 그려 주는 사람도 있어요.” 그러면서 나는 우연히 파일 안에 있던 D씨의 그림을 프린트해서 보여 주었습니다. 그랬더니 “굉장하다! 나도 오래전부터 수채화나 유화를 배워서 그림동화 작가가 되고 싶다고 생각하고 있었어요. 이 그림을 실제로 보고 싶네요.”라고 말했다.

바로 그 자리에서 D씨, 주치의, 집중치료실 간호부장의 허가를 얻고 두 사람의 만남을 주선했습니다. 병실에서의 풍경화뿐만 아니라 그 밖의 몇몇 작품에 둘러싸여 진지한 대화를 이어갔습니다. 그때 두 사람이 함께한 단 15분의 상호작용이 얼마나 서로의 마음을 따뜻하게 했는지, D씨의 존엄을 얼마나 높일 수 있었는지, 그리고 잊고 살았던 그림에 대한 열정을 어떻게 불러일으켰는지에 대해서는 독자의 상상에 맡기도록 하겠습니다.

08
형제들이 돌아왔을 때는 잘해 주지 않으면 안 된다고 생각했다
− 63세 여성, 악성 임파종

이제부터 읽게 될 문서는 내가 아이치현 암센터에 입원해 있던 2007년 11월 5일에 완화치료의 일환으로 작성한 것입니다. 이것은 정신과 코모리 선생님과의 '존엄치료' (당신의 소중한 것을 소중한 사람에게 전하는 프로그램)에 대한 기록입니다. 아홉 가지 질문을 주고받은 우리의 1시간가량의 면접을 녹음하고 축어록을 만든 다음, 선생님이 그것을 조금 편집해 주었습니다. 그리고 며칠 후에 내가 그것을 검토하여 최종판으로 만들었습니다.

1. 지금까지 당신의 인생에서 특별히 기억에 남는 것이나 가장 중요하다고 생각하는 것은 무엇입니까? 당신이 가장 생기 있었다고 느낀 때는 언제쯤입니까?

역시 아이를 기를 때였어요. 아이들을 학교에 보낸 때가 나도 가장 건강했지요. 아침 일찍 일어나서 논에 물을 대야 했어요. (그 시절에는 경작지 정리가 되어 있지 않았으니까, 원래는 1,200평 정도의 논이었지만 여러 곳에 나뉘어 있었어요.) 뭐든지 스스로 할 수 있었죠. 새벽 4시에 일어나서 논에 물을 채우고, 지금처럼 편의점도 없으니까 이른 아침에 도시락을 만들고, 남편을 배웅하고. 그때는 잔일도 많았어요. 아이들에게 아침 차려주고, 먹이고, 빨래하고, 공장으로 달려갔지요. 8시부터 5시까지 일하고 집에 돌아오면 6시가 돼요. 그럼 아이의 공부를 봐줬어요. 그런 일은 다른 부모들 만큼은 하지 못했어요. 회사가 쉬는 날이면 논이 있어서, 어느 쪽이냐 하면 아이들이 하고 싶어 하는 걸 하게 놔둔 편이에요. 그래도 모두가 건강했으니까 할 수 있었지. 시부모님의 간병을 해 드리는 것 빼고요. 아버님은 내가 시집온 지 3년 되었을 때 암으로 돌아가셨고, 어머님도 형님 댁에서 다음 해 뇌경색으로 쓰러지셔서 그 후 10년 정도 함께 살았어요. 사실 난 농사를 지어 본 적이 없었지만요.

2. 당신 자신에 대해서 가족이 알아 주었으면 하는 것과 기억했으면 하는 것으로 특별한 뭔가가 있습니까?

함께 살아 왔기 때문에 그다지 이렇다 저렇다 말하지 않아도 돼요. 아플 때 아이들이 정말 잘해 주어서 그렇게 말하면 딸은 "엄마가 정말 할머니를 잘 간병했기 때문에 그걸 보고 잘할 수 있었어요."라고 말해요. 그렇게 말해 주니까 고맙죠. 나스스로 정신 차리지 않으면 안 된다고 생각하지만 정신적인 안정을 취할 수 있던 것은 딸 덕분이에요.

3. (가족, 직업, 지역활동 등과 관련해) 당신이 인생에서 이룬 역할 중
   에 가장 소중한 것은 무엇입니까? 그것이 왜 당신에게 중요합니
   까? 당신은 그것을 어떻게 달성했다고 생각합니까?

　가장 소중한 것이라면 가정이지요. 다만 나 나름대로 열심
히 했을 뿐이에요. 매일 바쁘게 꾸려왔을 뿐이죠. 아이들의 공
부를 봐 줄 수 없을 정도였지만. 다른 집과 비교하면 너무 평
범할지도 모르겠어요. 그래도 그게 행복한 게 아닌가 생각해
요. 아이를 기르고 가정을 제대로 챙기는 건 기본이라고 생각
해요. 그게 마지막 도달할 곳이라고 생각해요.

　남편은 8형제의 장남이니까 추석과 설날, 5월 연휴가 되면
모두 우리 집에 모이게 돼요. 그렇지, 우리 둘째 아들이 아직
유치원에 다닐 때였는데 어느 날, 같이 목욕을 하는데 "난 커
서 어디로 갈까?" 라고 말하는 거예요. 별로 큰 의미는 없다고
생각하면서도 "넌 왜 어디로 가려고 하니?" 라고 물었더니,
"난 크면 이 집에 있을 수 없고 어디론가 가야 해. 도쿄로 갈
까, 나고야로 갈까?" 라는 거예요. 그때 '아!' 하고 깨달았지요.
이 집에 형제들이 모여드는 것을 보면서 자신은 동생이니까
자연스럽게 이 집에서 살 수 없다는 것을 느낀 거구나라고 생
각했어요. 그때 정말 '귀엽다' 는 생각이 들었고 이런 귀여움
을 부모님도 똑같이 느끼셨겠구나 싶어서 그때부터 형제들이
돌아왔을 때는 잘해 주지 않으면 안 된다고 생각했어요. 추석

이나 정월은 즐겁게 지내고 돌아갈 수 있도록 하겠다고요.

회사를 다녔어도 12일부터는 휴가를 내고 모두가 돌아오는 것을 기다렸어요. 설날에도요. 직접 음식을 만들어 기다리면 동서가 "아아, 이 요리를 보면 기다려 주시는 게 느껴져요."라고 말해 줄 때 정말 기뻤어요. 큰집이니까 모두의 여러 가지 일이 우리의 생활에 들어오지요. 8형제 중 장남의 아내라는 것은 내 인생에서 큰 의미를 가지고 있어요. 32명이 같이 먹은 적도 있고, 팥밥도 4되나 했지요.

요즘 조카나 질녀가 이제는 자기들의 자녀를 데려고 본가에 오고 싶어 하는 거예요. 어렸을 때 즐겼기 때문일 거라고 생각했죠. 꽃을 선물하기도 했더니 고맙게 생각한 것 같아요. '그리워해 주고 있구나.'라고 생각되어 흐뭇해져요.

4. 당신이 이룬 가장 중요한 성취는 무엇입니까? 무엇을 가장 자랑스러워합니까?

아이를 기를 수 있어서 다행이라고 생각해요. 내가 병이 들어도 열심히 잘 대해 주니까요. 그다지 출세한 것도 아니고 대단한 학교에 간 것도 아니지만요.

병원 진료를 받기 위해 우리 동네의 지방 철도를 탔을 때 함께 탄 승객 중에 "고등학교에서 돌아오는 큰아들을 자주 만나는데 조금도 걱정할 게 없어요."라고 말해 주신 분이 있어서 '아아 그렇게 보고 있구나.'라고 생각한 적이 있었어요. 너무 기뻤지요.

둘째 아들은요, 운동을 좋아하고 특히 검도를 열심히 해서 고등학교에서 특기생으로 진학할 것을 권했지만, "난 주판이 싫으니까."라며 스스로 일하면서 배울 수 있는 학교로 갈 것을 정했어요. 고등학교를 졸업한 뒤에 일을 해도 괜찮다고 생각했는데 혼자서 시험도 쳤어요. 자기 일은 스스로 결정했으니까 힘들어도 참아내겠지요. 그 앤 어린이집부터 모든 일을 계속 혼자 해 왔던 것 같아요.

큰딸은 나도 부탁을 했지만, 지금 살고 있는 이웃들에게 어떤 일이 생기면 상담을 해 주는 것 같아서 고마워하고 있어요. 옛날부터 중학교나 고등학교 교장선생님도 지방 열차에서 만나면 말을 걸어 주시곤 했어요. 운이 좋다고 해야 하나, 여러 사람으로부터 격려를 받고 있으니까요. 어째 뭔가 아이들 자랑하는 것처럼 되어 버렸네요. 그렇지만 문서는 가족에게 가는 거니까 괜찮겠지요.

또 지역활동도 제가 앞장서지는 않았지만 자원봉사활동이라고 할까, 문화재의 잡초를 뽑거나 화단을 정리하거나 할 때 절대 빠지지 않고 꼭 나가려고 다짐했어요. 요즘은 모두 바쁘구나. 낮에도 사람을 만날 수 있는 기회가 적어서 부녀회 활동도 많이 변했지만요. 불교 행사를 주선한 적도 있지만. 저, 선생님, 이렇게 이야기하다 보니까 내가 아무것도 하지 않았던 것 같네요. 할 수 있는 한 열심히 했지만, 뒤에서 도와주기만 했지 뭔가 나서서는 한 적이 없었네요. 다른 사람들도 할 수 있는 것을 따라 한 것밖에 없는 것 같아요. 그래도 괜찮은 거지요?

5. 사랑하는 사람에게 말해 두어야 한다고 지금까지도 느끼고 있는
   것이나 다시 한 번 말해 두고 싶은 게 있습니까?
   아이들에게 아버지를 잘 부탁한다는 것이에요. 아직 말하지
않았거든요.

6. 사랑하는 사람에 대한 당신의 희망과 바람은 무엇입니까?
   건강하게 지내 주면 좋겠다고 생각해요.

7. 당신이 인생에서 배운 것 중에 다른 사람들에게 전하고 싶은 것은
   무엇입니까? 남기고 싶은 조언이나 지침은 어떤 것입니까?
   다른 사람에게 상처 준 적도 있고, 실패도 했고, 거칠게도
했지만, 그런 사실을 깨닫게 되는 순간부터 조심하면 되니까
이전 것을 너무 걱정하지 않았으면 해요. 물 흘러가듯이. 딸이
자주 "엄마, 오늘 하루 일만 걱정해."라고 말했는데, 지금 생
각해 보니 정말 그렇다고 생각해요. 사실 딸아이가 그렇게 말
해도 난 반대로 했어요. 그런데 아무리 생각해도 이 세상일은
되는 대로 되는 수밖에 없다고 생각해요. 어떤 순간 정말 어떻
게도 할 수 없다고 생각해도 시간이 지나서 생각해 보면 어째
서 그런 것에 그렇게 매달렸을까라고 느낀 적이 한두 번이 아
니에요. 이 세상의 것은 이 세상에서 해결할 수밖에 없다는 딸
의 조언을 전하고 싶네요.

8. 장래에 가족에게 도움이 되도록 남기고 싶은 말이나 지시 등이 있습니까?

말보다는 자신의 경험을 통해 여러 가지를 생각하고 대처해 나갔으면 해요. 손자들도 말없이 우리가 한 것을 따라 할 테니까요.

9. 이 영구적 기록을 남기면서 포함시키고 싶은 다른 것이 있습니까?

특별히 없습니다. 이런 엉뚱한 걸 문서로 남겨도 정말 괜찮을 걸까요?

2007년 11월 5일

E

문서 작성자 메모: E씨도 주치의로부터 존엄치료를 권유받았습니다. 극히 개인적인 이야기이지만, 어투가 문서 작성자의 조부모가 살던 지역의 사투리일뿐더러 추석에 고향에 내려간 친인척을 따뜻하게 맞이하는 며느리의 배려라는, 나 자신이 선택하지 않았던 인생의 미묘한 정을 느끼게 해서 읽을 때마다 눈시울이 뜨거워지게 됩니다.

09
이것이 유우가 모르는
나의 37년이다

– 44세 여성, 유방암

이제부터 우유가 읽게 될 문서는 내가 아이치현 암센터에 입원해 있던 2007년 11월 7일에 완화치료의 일환으로 작성한 것입니다. 이것은 정신과 코모리 선생님과의 '존엄치료'(당신의 소중한 것을 소중한 사람에게 전하는 프로그램)에 대한 기록입니다. 아홉 가지 질문을 주고받은 우리의 1시간가량의 면접을 녹음하고 축어록을 만든 다음, 선생님이 그것을 조금 편집해 주었습니다. 그리고 며칠 후에 내가 그것을 검토하여 최종판으로 만들었습니다.

1. 지금까지 당신의 인생에서 특별히 기억에 남는 것이나 가장 중요하다고 생각하는 것은 무엇입니까? 당신이 가장 생기 있었다고 느낀 때는 언제쯤입니까?

   나는 사실 철이 들었을 때부터 고등학교 1학년 때까지 이 병원 가까이에 살았습니다. 병원 뒤 공원에서 친구들과 노래를 부르거나, 그네를 타거나, 정글짐에서 놀거나 했습니다. 초등학교 5학년 때에는 건강하고 활달한 아이로, 학급의 임원이 되어 학교의 여러 행사를 주관하거나 체조부에 들어가서 대회에도 출전할 정도의 상당히 활발한 초등학교 시절을 보냈습니다.

중학교도 이 병원 근처에 있는 중학교에 다녔는데, 그다지 눈에 띄지 않는 학생이었지만 주위의 권유로 할머니가 나오신 명문 K고등학교에 들어갔지요. 미션스쿨이었기 때문에 지금까지의 분위기와는 달리 찬송가를 부르거나, 성경을 읽거나, 기도를 하는 가운데 영어를 열심히 공부했습니다. ESS라는 동아리에서 연극을 하거나 노래를 부르는 것을 정말 즐거웠습니다.

여러 가지를 고민했지만, 영어를 공부하고 싶어서 T대에 들어갔습니다. 하지만 도중에 사회심리학에 흥미를 가졌기 때문에 사회심리학을 전공하였습니다. 학창 시절에는 테니스도 열심히 쳤고 방송국에서는 DJ도 하면서 활기찬 여대생 생활을 보냈습니다. 그때 만난 사람이 Y아주머니들입니다. 여러 사람이나 가치관을 만나는 것은 중요한 일이라고 생각했습니다.

그 뒤 좀 더 공부하고 싶다고 생각해서 정보관계의 한 연구소에 들어가 2년간 공부했습니다. 거기서는 실천적인 공부를 많이 할 수 있어서 즐겁게 지냈습니다. 유우도 좋아하는 것을 발견하고 그것에 대해 충분히 배우면 좋겠다고 생각합니다.

회사에 들어가서는 마케팅 분야에서 일을 했습니다. 팸플릿이나 광고를 만들거나, 제품사용 설명서를 만들었습니다. 바쁜 매일이었지만 정말 활기차게 일할 수 있었다고 생각합니다.

이것이 유우가 모르는 나의 37년입니다. 특히 일을 하던 때가 가장 생기 넘치는 시기였다고 생각합니다. 내가 한 것이 제대로 된 엄연한 작품이 된다는, 예를 들면 팸플릿이 인쇄되어 나오는 식으로 형태를 남길 수 있는 것이 즐거웠습니다. 지금은 보안제품으로 유명한 회사이지만 당시에는 정수기를 팔고 있었지요. 그것에 관한 제품사용 설명서를 만들었던 때, 계속된 변경으로 매우 고생했기 때문에 완성되었을 때 정말 기뻤습니다. 고생해서 겨우 완성되었다는 안도감 때문일 겁니다.

2. 당신 자신에 대해서 가족이 알아 주었으면 하는 것과 기억했으면 하는 것으로 특별한 뭔가가 있습니까?

남편과 타케시, 유우에게는 내가 부족한 엄마였지만 열심히 가족을 지키려고 했고, 가족을 소중히 여기려고 했다는 것만은 기억해 주었으면 합니다.

3. (가족, 직업, 지역활동 등과 관련해) 당신이 인생에서 이룬 역할 중에 가장 소중한 것은 무엇입니까? 왜 그것이 당신에게 중요합니까? 당신은 그것을 어떻게 달성했다고 생각합니까?

세속적으로는 아무것도 없지만 엄마로서, 특히 최근 2년간 유우의 엄마로서의 역할을 가장 소중히 생각합니다. 내가 유우를 데려왔고, 유우와 친정엄마와 셋이, 어떻게든 즐겁게 살고 싶다는 희망을 가지고 엄마로서 책임을 완수하려고 했습니다. 이렇게 말하면 너무 의무적으로 들릴지 모르겠으나 열심히 했습니다. 나로서는 엄마, 아빠가 모두 있는 가정이 당연하다고 생각하면서도 한부모가정이 되어 버렸기 때문에 유우에게 외로운 기억을 주고 싶지 않았습니다. 아직 실현되지 않았다고 생각하지만, 유우가 하고 싶다고 생각하고 있는 발레라든지, 배우고 싶다고 한 것들을 가르쳐 주는 것입니다. 발레와 피아노와 습자. 피아노 연습은 힘든 것 같고, 습자는 별로 좋아하지 않는 건가 생각했지만 능숙하게 쓰고 있었습니다. 내가 입원해 있으면 그런 게 중단되니까, 한시라도 빨리 퇴원하지 않으면 안 된다고 생각하고 있었습니다. 입원해 있으면 책임을 다할 수 없으니까요.

4. 당신이 이룬 가장 중요한 성취는 무엇입니까? 무엇을 가장 자랑스러워합니까?

이혼을 극복하고 열심히 살아왔다는 것일까요. 이혼을 극복하고 여기까지 왔다는 것이 저의 자긍심이라 생각합니다. 이런 병에 걸려서 그야말로 이중고에 시달리면서도 그것을 극복하고 여기까지 온 것입니다.

그것은 자신의 버팀목이 되고 있던 것이 완전히 없어져 버린 것에 따른 외로움과 불안감, 거기에다 자신감의 상실이었습니다. 그런 걸 극복하는 데는 어머니의 도움도 있었고, 공부를 했던 것, 스스로가 지식을 쌓아가는 것에 의해서 자신감을 가질 수 있었습니다. 컴퓨터 교실에 다니면서 조금씩 이해할 수 있었고, 그래서 자신감을 가질 수 있었습니다. 배운다는 것은 나의 삶에 있어서 상당히 중요한 일이었습니다. 그리고 친구를 사귀는 것도 이혼을 극복하는 데 도움이 되었지요. 취직하고 나서의 직장 친구라든지, 대학 공개강좌에서 만난 친구들이 있습니다. 옛 친구와의 재회도 있었지만, 특별한 사정을 이야기하지 않으면 안 되는 것이 마음의 무거운 짐이 되어 새로운 친구를 만들게 되었습니다. 배우는 것과 친구를 사귀는 것에 열심이었습니다.

이혼은 부부 두 사람의 문제였으며, 아이인 유우에게는 어떤 책임도 없었다는 것을 잊지 말아 주었으면 합니다.

5. 사랑하는 사람에게 말해 두어야 한다고 지금까지도 느끼고 있는 것이나, 다시 한 번 말해 두고 싶은 게 있습니까?

자기중심적이지 않으며, 자신을 소중히 여기면서 행복해졌으면 좋겠습니다. 어떻게 생각하느냐에 따라서 행복해질 수 있다고 생각하기 때문입니다.

6. 사랑하는 사람에 대한 당신의 희망과 바람은 무엇입니까?

자신이 하고 싶은 것을 찾아내고 자신의 길을 걸어 주세요. 여러 가지 일에 도전해 주세요. 다만 무리하지 말고.

7. 당신이 인생에서 배운 것 중에 다른 사람들에게 전하고 싶은 것은 무엇입니까? 남기고 싶은 조언이나 지침은 어떤 것입니까?

몇몇 어릴 때 친구들은 "건강 체질인 네가 입원하다니."라며 놀라지만, 이처럼 예상도 하지 못한 일들은 언제나 일어날 수 있다고 생각하기 때문에 그런 것에 대해 냉정하게 생각하고 대처해 주세요. '서두르지 않는다, 당황하지 않는다, 포기하지 않는다' 는 세 가지 정신으로 대처해 주세요. 이것은 3세 건강검진 때 도움을 받았던 보건소의 어떤 간호사에게서 배운 말입니다. 난 아무래도 서두는 경향이 있기 때문에 그 말이 더욱 마음에 남습니다. 포기하지 않으면 안 될 때가 있다고는 생각하나 자신의 신념만은 소중히 해 주었으면 합니다.

8. 장래에 가족에게 도움이 되도록 남기고 싶은 말이나 지시 등이 있습니까?

사람들에게 따뜻하며 정말로 신뢰할 수 있다고 생각하는 친구를 발견하면 소중히 여기세요.

9. 이 영구적 기록을 남기면서 포함시키고 싶은 다른 것이 있습니까?

유우, 태어나 줘서 고마워.

엄마의 딸이 되어 줘서 고마워.

쭉 지켜보고 있을 테니까.

2007년 11월 7일

F

문서 작성자 메모: 이 책에 문서를 게재할 수 있도록 허락해 달라고 부탁을 드린 편지에 대해 어머니가 보낸 답장을 소개하고자 합니다.

병상에 있으면서 딸은 병에 대한 불안, 죽음의 공포, 그 어느 것도 이야기하지 않은 채 언제나 조용하고 편하게 보냈습니다. 그때 나와 아이를 남기고 가는 슬픔이 가득했다고 생각합니다.

친구들과 즐거운 듯이 옛날 이야기를 해도 나와 단 둘이서 이야기를 나눈 적은 거의 없었다는 생각이 들었고, 무엇보다 그것이 계속 신경 쓰였습니다.

코모리 선생님이 딸의 병실에 찾아오셔서 존엄치료에 대한 이야기 등을 해 주신 것을 나중에 알게 되었습니다. 문서에는 손녀에 대한 생각이 여기저기 배어 있어서 몇 번이고 다시 읽고 있습니다.

이혼과 암이라는 이중고에 시달리면서도 딸은 열심히 노력했다고 생각합니다. 문서에서는 배우는 것의 중요함, 마음이 서로 통하는 친구를 사귀는 것 등이 손녀에게 이야기하듯 구구절절 쓰여 있어 가슴이 뭉클했습니다.

손녀가 5, 6학년 정도가 되고 내가 아직 건강할 때 반드시 전해 주고 읽게 할 생각입니다.

존엄치료 추후조사(부록 참조)의 회답에서는 1번부터 8번까지

'매우 그렇다'에 체크되어 있었습니다. 문서는 장롱의 서랍 안에 잘 보관해 두었으며, 어머니는 딸이 생각날 때마다 꺼내어 읽고 있다고 합니다.

10
어째서 지금 와 이렇게
당황스러운 걸까

― 72세 남성, 식도암

이제부터 읽게 될 문서는 내가 아이치현 암센터에 입원해 있던 2008년 1월 28일에 완화치료의 일환으로 작성한 것입니다. 이것은 정신과 코모리 선생님과의 '존엄치료'(당신의 소중한 것을 소중한 사람에게 전하는 프로그램)에 대한 기록입니다. 아홉 가지 질문을 주고받은 우리의 1시간가량의 면접을 녹음하고 축어록을 만든 다음, 선생님이 그것을 조금 편집해 주었습니다. 그리고 며칠 후에 내가 그것을 검토하여 최종판으로 만들었습니다.

1. 지금까지 당신의 인생에서 특별히 기억에 남는 것이나 가장 중요하다고 생각하는 것은 어떤 것입니까? 당신이 가장 생기 있었다고 느낀 때는 언제쯤입니까?

그다지 드라마틱한 인생을 산 것은 아니기에 선명하게 기억하고 있는 일이라든지 그런 건 없지만, 역시 무언가를 할 때 열심히 해 왔다는 것은 중요하다고 생각합니다. 사는 보람을 느낀다거나 근면하고 성실한 성격은 아니지만, 지금 생각하면 일을 하고 있던 때가 가장 생기 있지 않았나 싶습니다.

우리가 취급하고 있는 골동품은 그다지 필요한 것은 아닙니다. 그렇지만 필요하지 않다는 것은 반드시 필요 없다는 것은 아니며, 오히려 마음의 여유나 만족감 또는 행복과 같은 걸 사는 경우도 있지요. 이런 의미에서는 굉장히 감사하고, 의미 있는 장사를 하고 있다고 생각합니다.

그래서 골동품이라는 게 어떤 것인가 말하자면, 이것은 당연히 보기 위한 목적으로 구입하는 것이지요. 대부분의 물건은 사용하기 위한 목적이지만요. 골동품을 사기까지는 과정이 있기 마련입니다. 예를 들면, 차를 마시거나 식사를 하고 나서 굉장히 좋은 기분이 되어서 골동품을 사는 것입니다. 그렇게 구입한다면 벌써 반 이상은 목적을 이룬 셈입니다. 나는 쭉 손님들에게 그런 만족을 드리는 기쁨을 누리고 있었습니다. 일반적인 장사에서는, 특히 실용품을 팔 경우에는 만족이란 건 그 정도로 중요하지 않지요. 실용품이라는 것은 80%가 사용을 목적으로 하고 있어서 파는 방법이 서투르면 안 팔린다든지 사는 조건이 좋지 않다는 건 없지요. 그래서 이 일이 보람 있는 일이라고 생각하고 해 왔습니다.

사람을 좋아했어요. 이런저런 이야기를 나누는 것을 좋아했기 때문에 이야기만 나누고 물건을 팔지 않았던 적도 많았습니다. 그래도 그건 그대로 좋았습니다. 나와 이야기를 하고 싶어서(이건 좀 쑥스러운 말이긴 해도) 와 주는 손님이 있었을 겁니다. 그게 싫었다면 이 장사는 할 수 없는 것이지요. 필요한 사람에게 필요한 것을 주는 것뿐이라면 재미가 없었을 거예요.

2. 당신 자신에 대해서 가족이 알아 주었으면 하는 것과 기억했으면 하는 것으로 특별한 뭔가가 있습니까?

　나는 느긋한 성격이기 때문에 목숨을 걸고 일한다든지 공부한다든지 스포츠에 빠진다든지 하는 게 되지 않습니다. 멍하게 있으면서 그저 그렇게 살아온 인생이지만, 아이에게 가장 전하고 싶은 것은 아들이 어렵게 8대째 가업을 이어주고 있으니까, (우리 집은 에도 시대 말기부터 계속 이 장사를 하고 있어서 7대째가 됩니다.) 9대를 이을 아이가 태어나서 이 가업을 계속 이어 주면 좋겠다는 것입니다.

　전통을 가진 가게라는 것만으로는 유지해 가기가 힘드니까요. 어떻게 계속해 올 수 있었냐고 물으면 크게 확장하지 않았기 때문이라고 대답합니다. 가족들이 조금씩 힘을 모으면서 해 나가면(제 생각이지만) 이어갈 수 있다고 생각합니다. 사업을 확장하라는 유혹도 있었지만 그걸 거절했어요. 혼자서 작게 하면서 여기까지 온 셈이지요. 지금 이 정도면 가게를 합치자고 오는 사람은 없겠지만요.

3. (가족, 직업, 지역활동 등과 관련해) 당신이 인생에서 이룬 역할 중에 가장 소중한 것은 무엇입니까? 왜 그것이 당신에게 중요합니까? 당신은 그것을 어떻게 달성했다고 생각합니까?

오랫동안 같은 장소에서 같은 장사를 하고 있으면 지역에서 해야 하는 일, 뭐 상공회라든지 지역 상인들의 모임이라든지 로터리클럽, 법인회 같은 게 있습니다. 나는 지역을 벗어날 일이 많이 없었지요. 출장을 가거나 해외로 갈 일이 없어서 계속 자리를 지키고 있었어요. 그러니까 난 비교적 모임에 참석하기 쉬운 사람이었어요. 그러다 보니 임원을 해 달라고 부탁을 받기도 하고. 그러니까 모두 내가 뛰어나서가 아니라 일의 내용에서 보면 이런 녀석을 활용하기가 쉽다고 믿었기 때문이라고 생각해요. 여러 곳에서 제의가 있었고, 그런 권유를 거절하지 못해서 결국 모두 맡았어요. 지금까지 하고 있는 것도 있고요.

귀찮았지요. 지금 돌이켜 보면 역시 골동품 가게는 쭉 혼자서 운영한 게 아니었어요. 그런 것을 하면 여러 사람을 만나야 하고 여러 가지 의견을 들으면서 세상의 식견을 넓혀 가지만, 사실 이런 것은 경제적으로는 오히려 마이너스였어요. 장사 수익을 생각해 보면 말이에요. 무엇보다 시간을 뺏기는 일이 가장 손해였지요. 아내가 많이 화를 냈어요. 그러니까 그건 쓸데없는 일이었어요. 정말 부질없는 일. 하지만 지금 생각해 보면 그렇게까지 쓸모없는 일이었을까요. 인생은 여러 가지라고 하는데, 장사도 여러 가지가 있으니까요.

여기서 비판하려는 건 아니지만, 그런 일이 주어지면 상당히 열심히 하는 사람이 있어요. 몰두하는 사람은 일에 묻혀 버릴 정도라고나 할까. 자신도 모르는 사이에 장사에 소홀해집니다. 하지만 나는 그런 균형을 잘 잡을 수 있는 감각이 있었는지는 모르겠지만, 모임 사람들에게 다소 불만이 있었을지 몰라도 균형을 잘 유지해 왔다고 생각합니다. 그러니까 나로서는 일을 맡아서 다행이라고 생각해요. 그때는 쓸데없다고 생각했지만, 사회는 그런 거죠. 전부 쓸데없는 거잖아요. 그런 식으로 말하면 모두 쓸데없겠죠.

필요한 게 무엇인가, 중요한 게 무엇인가라고 말한다면 먹기 위해 일한다는 거예요. 그것뿐이라면 나중에는 그 무엇도 필요 없게 돼요. 먹는 것, 생활용품조차도. 로터리클럽에 가입했어요. 사회를 위해 뭔가 하려고 한 거예요. 그런데 결국 아무것도 하지 못했죠. 쓸데없는 일을 하면서 자기만족을 한 것뿐이죠. 그런 쓸데없는 행사를 하는 것은 멀쩡한 어른들이, 게다가 사업도 잘하고 있는 바쁜 사람들이 모이는 건데, 자신들의 중요한 일은 내팽개치고 빈 캔을 모으거나 정원을 가꾸는 거예요. 그런 걸 나보고 하라고 한다면 월급을 주고 사람에게 시키는 게 나을 거라는 생각도 했어요. 그런데 해 보니까 그렇지만도 않았어요. 돈도 쓰게 되었지요. 서로 사귀고 돌아오는 길에 수고했다고 한잔들 하는 거예요. 그렇게 쓴 돈을 모아 기부하는 편이 훨씬 좋았을 텐데요. (웃음)

그렇지만 계속해서 그런 것을 여러 가지 해 왔습니다. 적당히 리더 역할도 했고요. 난 그런 걸 잘합니다. 하는 듯하면서

안하고 안 하는 듯하면서 하는 균형감각이 특기라고나 할까요.

4. 당신이 이룬 가장 중요한 성취는 무엇입니까? 무엇을 가장 자랑
   스러워합니까?

가장 큰 것은 10년 전에 가게를 이전한 것이에요. 지금도 그
것은 자랑으로 여기고 있습니다. 세 아이에게 각자의 길을 걷
게 한 것도 자랑거리입니다. 남동생이 태어난 것도 처음이었
어요. 이상하게 우리 집안은 대대로 남자는 모두 하나뿐이었
어요. 그래서 나와 같은 성을 가진 친척이 없었습니다. 그런데
운 좋게 둘을 낳은 거죠. 남자 아이 하나에서 남동생이 생기면
서 자손이 갈라진 거예요. 처음이라는 걸 자랑스럽게 여겨도
될까요? 우연이겠지만.

또 하나는 집을 지어서 차남에게 준 것입니다. 이제 그걸 실
현할 때라고 생각할 때 그만 병원 신세를 지게 되었어요. 그리
고 내 생에 처음으로 큰 수술을 받고 종양을 제거했어요. 이게
마지막이라고 생각하고 있었는데 아무래도 그게 아닌 것같이
앞으로 오래 살 수 있다는 거예요. 그래서 이걸 기회라고 생각
했어요. 집을 짓자고 생각했지만, 갖고 있는 땅이 없어서 여기
서 샀습니다. 부동산 중개인이 여기까지 와서 이 병원 담화실
에서 계약했습니다. 그리고 완공했을 때는 기뻤습니다. 안 될
거라고 체념하고 있었으니까요. 처음으로 자손이 생겼고 성대
하게 신축 축하연도 계획했습니다. 그런데 그 3, 4일 전에 병
원에서 전화가 와서…… 연회에는 갈 수 없었습니다. 그건 유

감이라고 생각합니다.

5. 사랑하는 사람에게 말해 두어야 한다고 지금까지도 느끼고 있는
   것이나 다시 한 번 말해 두고 싶은 게 있습니까?

　내가 가족에게 가장 말하고 싶은 것은 부모형제가 사이 좋
게 서로를 존중할 것과 너무 끈끈하게 뒤엉키지 말라는 것입
니다. 담담한 왕래라고나 해야 할까요. 지나치게 끈끈해지면
문제가 커지는 경우가 많으니까요. 골동품 가게를 했기 때문
에 어려운 이야기를 상담해 줄 기회가 많았어요. (웃음) 손님
들은 내게 고민을 털어놓으면서, 나는 어떤 답도 안 했지만,
사실 그런 능력도 되지 않아서 열심히 들었습니다. 그런데 듣
고 있는 동안에 손님들은 스스로 결론을 냅니다. 그리고 기분
좋게 돌아가지요. 그런 게 일이었어요. 지나치게 개입하는 경
우도 많이 있지요. 그래서 관계가 우습게 되어 버려 교제가 끊
어진 경우도 많이 있습니다. 나는 오래된 집안이어서 근처에
땅이 좀 있었는데, 그곳에 차남의 집을 지을까도 생각해 봤어
요. 그런데 둘째가 싫다고 해서 이웃 마을에 지었습니다. 그것
은 옳은 선택이었다고 생각합니다. 바로 그게 담담한 교류지
요. 자신 있게 말하지는 못하겠지만, 여러 가지 일이 일어날
때 너무 가까이 있어서 사람들의 평판, 형이나 아우의 비판 등
이 쉽게 들리는 건 좋지 않다고 생각합니다.

　여동생도 또 다른 근처의 마을로 시집을 갔기 때문에 모두
적당한 거리에 있다고 생각합니다. 결혼은 거리를 고려해야

한다고 생각합니다. 이상적인 거리에서 왔고 갔다고 생각합니다. 결과론적이지만요.

6. 사랑하는 사람에 대한 당신의 희망과 바람은 무엇입니까?

내 아내는 매우 좋은 사람으로, 혼자서 모든 걸 잘합니다. 그건 물론 내가 죽음에 가까워 있기 때문이겠지요. "죽는다는 말만 하고 있다."고 화내지만, "죽는다고 아무도 눈물 흘리지 않을 거예요. 나는 이미 몇 번이고 흘렸으니까."라고 말할 사람입니다. 내가 없어도 혼자서 잘해 나갈 사람이지요. 안심하고 있습니다. 아이들에 대해서도 어떤 불안도 없습니다. 그런 불안이 없는 것은 내가 별다른 노력을 하지는 않았지만 만족할 만한 삶을 살았기 때문입니다. "집집마다 덕이라는 게 있어요. 그런데 당신 집에 있던 여분의 덕까지 당신이 전부 먹어치웠네."라고 말하는 사람도 있어요. (웃음)

자랑하는 것 같지만, 살아가면서 문제를 일으킨 적은 없습니다. 굳이 하나 있다고 한다면 장남이 학생 시절에 록밴드에 들어가서 프로가 되겠다고 했을 때 좀 놀란 정도였지요.

차남은 은행에서 일하고 있어요. 글쎄, 그 아이가 그렇게 성실한 애는 아니었어요. 은행은 좋은 곳이지요. 그쪽에서 돈을 주면서 사람을 만들어 주니 고맙다고 생각하고 있어요. 대학은 아무런 도움도 안 되었지만.

그게 바람입니다. 희망이라든지 전부 이루었습니다. 바람과 희망은 마음의 문제와 물질적 문제의 두 가지가 있다고 생각합니다. 마음속의 바람은 금방 실현되는 건 아니지만, 그런 의미로 말하자면 영원히 채워지지 않을지도 모르겠어요. 물질을 생각해 보면 가령 1억 엔 있으면 그걸로 만족할 수 있을까 생각해 보면 1억 엔이 있으면서 5천만 엔 정도면 된 거 아니냐고 말할 사람은 없을 테니까 끝도 없는 거지요.

7. 당신이 인생에서 배운 것 중에 다른 사람들에게 전하고 싶은 것은 무엇입니까? 남기고 싶은 조언이나 지침은 어떤 것입니까?

사이좋게 지내 준다면 다른 것은 없습니다.

다만 나는 친구가 자산이라고 생각합니다. 우리 집 아이들도 나한테 뒤지지 않을 정도로 많은 친구들을 많이 갖고 있습니다. 그렇지만 친구관계는 소중히 여기지 않으면 곧 끊어져 버립니다. 신경 쓰지 않으면 금세 없어져 버리는 유한한 것이지요.

8. 장래에 가족에게 도움이 되도록 남기고 싶은 말이나 지시 등이 있습니까?

특별히 없습니다.

9. 이 영구적 기록을 남기면서 포함시키고 싶은 다른 것이 있습니까?

좋을 때 태어나

좋은 부모님을 만났고,

좋은 사람을 아내로 맞았고,

좋은 아이들을 내려주셨고,
좋은 자손들에게 둘러싸인
정말 좋은 인생이었다.

2008년 1월 28일

G

추신: 아홉 가지 질문에 대답하고 있는 동안 조금 울어 버렸
      어요. 그래서 그것과는 관계없이 자신의 생각을 말한
      부분이 있어요. 그것도 여기에 함께 기록하기로 했습
      니다.

처음부터 무서운 병이라는 것은 알고 있었습니다. 그런데
왜 이제 와서 당황하는 걸까요. 코모리 선생님이 와 주신 것이
부끄럽습니다. 나는 이런 인간이 아니라고 생각했으니까요.
이번에 T병원으로 옮기는데, 빨리 옮기고 싶습니다. 왜 가고
싶은 것일까요? 그곳이라면 모두가 놀러와 줄 거예요. 여기는
너무 멀어서 아무도 와 주지 않아요. 나을 수 없다는 건 알고
있습니다. 그런 건 오래전 알고 있어요. 그런데 어째서 이렇게
동요하는 걸까요. 72세나 되어서요. 지금까지 그렇게 엉망으
로 살아온 것도 아닌데, 지금이 되어서 여기서 하고 있는 것도
슬프다고 생각합니다. 하지만 이런 걸 함으로써 내 짐을 어느
정도 선생님께 맡길 수 있으니까요. 그런 겁니다. 너무 무거워

진 배낭을 반 정도 선생님께 맡아 달라고 할까라고 생각해 봤습니다. 여기에 있으면 모두 그런 고통을 안고 있겠지요. 모두 죽음에 대한 공포감과 걱정으로요. 사실 그런 건 모두 미지의 세계의 것인데 어째서 이렇게 동요하는 것인지…… 슬픕니다. 어떻게 해 달라고 해도 안 되는 것이지요. 암과 함께입니다. 슬프군요. 지금 종교 같은 것에 의지하려 해도 귀의한 적이 없기 때문에 그림이라도 그려 볼까 생각합니다. 전에 입원했을 때 아내가 딸아이가 초등학교 때 쓰던 스케치북과 수채화 도구를 가져다주었어요. 그게 너무 좋아서 약이 되었습니다. 나로서는 생각도 해 본 적 없었어요. 그림을 감상하는 것보다 그리는 쪽이 좋다고 해서 몇백 장이나 그렸지요. 그동안 그린 걸 합쳐서 B4 크기의 앨범으로 만들면 이만큼 두꺼워질 겁니다. 어째서 이번 입원에서는 이렇게 흔들리는 걸까요. 어째서일까요, 선생님. 그런 건 전부터 계속 들어온 것인데요.

문서 작성자 메모: G씨는 연말에 갑자기 피를 토해서 응급 입원을 했습니다. 여덟 번째 입원으로 다음 해 1월 22일 불안을 주요 증상으로 정신종양 진료과에서 진료를 받았습니다. 그리고 1월 29일에 고향의 병원으로 이전할 때까지 일주일이라는 짧은 시간에 잊을 수 없는 대화와 위의 문서를 남겼습니다.

11
멍자국

– 70세 여성, 위암

　그것으로 인해 너는 다른 사람과 달리 보인다. 다른 누구도 닮지 않은 인간이야.

　아버지에게서 그런 말을 자주 들었다. 그건 신으로부터 받은 특별한 선물이야. 그게 있으니까 너는 다른 어떤 여자 아이보다도 예쁜 거란다.

　그렇게 듣고, 그렇게 믿었을까?

　때로는 또 때로는 저주받은 기분이 들었다. 역시 흉한 것이고, 덕분에 어린 시절은 이것의 제물이 되었다. 언젠가 이것을 제거할 거야. 어딘가의 의사가 수술해 주어 나를 평범하게 만들어 줄 수 있다고 나는 언제나 생각했다. 꿈속에서 나를 보면 내 얼굴의 오른쪽이나 왼쪽이 모두 똑같고, 매끄럽고, 희고, 완벽한 좌우 대칭이었다. 14세 정도까지 쭉 그런 꿈을 꾸었지.

그러나 시간이 흐르면서 그것과 조금씩 타협을 하고 있었어.

그럴지도 몰라. 잘 모르겠어. 그런데 그 후 어떤 일이 있었고, 생각이 바뀌어 왔다. 나에게 굉장히 큰 경험이었다. 인생의 터닝포인트.

누군가가 너를 사랑했다.

아니, 누군가가 책을 주었어. 그해 크리스마스에 어머니가 미국 단편소설 전집을 사 주었지. 『미국 명작 단편선』이라는 유달리 큰 녹색 하드커버의 크라운판 책으로 46페이지에 너대니얼 호손의 단편이 실려 있었어. 「멍자국」이라고 알고 있어?

(중략)

그 소설에 얼마나 영향을 받았던지. 몇 번이나 읽고 몇 번이나 그것에 대해 생각하고 있는 중에 나는 점점 자신을 있는 그대로 보게 되었다. 다른 사람들은 자신의 인간성을 안에 안고 있지만, 나는 그것을 얼굴에 붙이고 있다. 그것이 내가 타인과 다른 점. 나는 자신이 누군가를 숨기는 것이 용서되지 않았다. 나를 볼 때, 모두는 나의 영혼을 들여다보게 된다. 나는 보기 흉한 여자 아이가 아니었다. 그것은 알고 있었다. 하지만 내가 이제부터 계속 내 얼굴에 있는 보라색 멍자국에 의해서 규정된다는 것도 알고 있었다. 그것을 없애려고 해도 쓸데없어. 그것은 내 인생의 중심적 사실이며, 그것을 없애고 싶다고 생각하는 것은 나 자신을 파괴하려고 하는 것. 지극히 당연한 행복은 나에게는 절대 바랄 수 없다. 하지만 그 소설을 읽고, 그것과 같은 정도의 좋은 것을 내가 가지고 있다는 사실을 이해할 수 있었어. 타인이 무엇을 생각하고 있는지 나는 알았다. 그 사람의 얼굴을 보고, 내 얼굴의 왼쪽을 봤을 때의 반응을 관찰하고 있으면 신뢰할 수 있는 사람인지 아닌지 알았다. 멍자국은 그 사람의 인감됨을 판단하는 시금석이었다. 사람의 영혼은 가치의 척도였다. 열심히 하면, 나는 사람의 영혼 속을 봄으로써 그 사람이 누군가를 알 수 있었다. 16, 17세가 될 무렵에는 소리굽쇠도 분별해 낼 수 있는 절대음감을 가지게 되었다. 가끔은 틀리기도 했지만, 대부분은 제대로 알았다.

— 폴 오스터, 『환영의 책』(柴田元幸 역, pp. 121-124)

　H씨는 위암에 걸린 70세 여성으로 존엄치료를 소개받았습니다. 소개를 해 준 사람은 우리 병원에서 간호사로 근무하고 있는 그녀의 질녀였습니다. H씨는 계속 간호사로서 일했기 때문에 존엄치료와 같은 시도에 적극적일 뿐만 아니라 의학 분야의 발전에 도움이 된다면 기꺼이 협력하고 싶다는 마음이었습니다. 그녀는 독신이어서 조카를 양자로 삼았기 때문에 존엄치료 문서의 수신자로는 조카를 선택했습니다. 그리고 훌륭한 문서가 완성되었습니다. 존엄치료 질문 9개 중 1번의 질문이 "생기 있던 무렵은 일을 하고 있었을 때, 사랑을 하고 있었을 때, 일하고, 사랑을 하고, 나 자신을 잊고 열중했습니다."로 시작된 것처럼, 향학심에 불타는 매우 적극적인 인생을 이야기했습니다. 그리고 세 번째 질문의 중요한 역할로는 오래전이라고 해도 보기 드물었던, 두 남동생의 가족과 동거하는 대가족 안에서 살아가던 H집안에서 자신이 했던 역할에

대해 언급했습니다. 조카나 질녀에게도 "숙모, 이모라고 부르지 말고 누나와 언니라고 불러."라고 말할 정도도 그들을 귀여워했으며, 그들에게 부모들도 주지 못했던 다양하고 귀중한 경험을 하도록 해 주었다는 것입니다. 그러던 중에 한 조카가 자연스럽게 양자가 되었고, 다른 조카나 질녀도 살아가는 동안 친절함과 상냥함을 되돌려 주었습니다. 독신을 고수했던 것과 관련해서는 두 번째 질문에서 알아두면 좋은 것으로 소설 「멍자국」을 언급했습니다.

……태어날 때부터의 선천성 모반, 멍자국이 있었습니다. 어릴 때부터 어머니가 감추면서 보여 주고 싶지 않은 것이었습니다……. 얼굴에 있었기 때문에 굉장히 신경이 쓰였습니다. 놀림을 받지는 않았지만, 놀림을 받지 않기 위해 열심히 공부했고, 바보 취급당하고 싶지 않아서 스스로에게 마음이 미인이라는 말을 끊임없이 되새겼지요……. 혼기가 되자 어머니가 "이런 때가 올 거라고 생각해서 남겨 두었으니 보거라."라고 말하셨어요. 장롱 서랍에는 병원에 갔던 영수증이 잔뜩 있었지요. 어느 병원을 가도 치료는 구식이어서 방사선으로 했어요. 근데 방사선을 쐬면 물집이 생겼지요. 대부분의 기억은 잊었지만 많이 다녔던 것 같아요. 뜨거웠지만, 어릴 때부터 예쁘게 되고 싶다고 생각해서 그런지 꾹 참았습니다. 하지만 낫지 않았어요. 계속해서 여러 가지로 고민했습니다.

그러나 이 문서는 조카에게 남기지 않겠다고 결정했습니다. 왠지 모르게 다르다는 것입니다. 그러면서 그녀는 자신에게 존엄치료를 권해 준 질녀에게 문서를 남기고 싶다며 또다시 녹음 면접을 했습니다. 그러나 녹음을 한참 진행하던 도중 그녀와 나 어느 쪽이랄 것도 없이 '이것도 뭔지 모르겠지만 다르다.'라는 생각이 들어서 녹음을 중단했습니다. 그 후 그녀는 자택 요양을 거쳐서 집 가까이 있는 호스피스로 옮겼습니다.

H씨에게 존엄치료를 소개한 지 두 달쯤 지나서 나는 오스터의 『환영의 책』을 읽었습니다. 첫머리에 인용된 것은 주인공을 환상 영화의 감독으로 이끄는 여성과 주인공의 대화입니다. (이야기의 본 줄거리와 직접적 관계는 없습니다.) 그녀의 왼쪽에는 선명하게 멍자국이 있었습니다. 나는 그다음을 읽으면서 멍자국에 대한 자신의 이해가 얼마나 얄팍한 것인지를 깨닫게 되었습니다. H씨를 만날 당시 나는 여성의 멍자국은 결혼을 단념할 정도의 핸디캡으로만 이해되었으며, 그녀가 말하는 대로 동정해야 할 것에 지나지 않다고 보았기 때문입니다. 나는 곧 이 부분을 복사하여 동료인 그녀의 질녀에게 건네주었습니다. 만약 H씨를 만났을 때 내가 멍자국을 오스터의 책에서 나오는 것처럼 이미지화할 수 있었다면 그녀의 인생을 보다 깊게 이해할 수 있었을 것이라는 것도 알렸습니다. 그리고 그렇게 이해했다면 존엄치료 문서도 다른 것이 되었을지 모른다는 사실도 덧붙였습니다. 질녀는 그 복사물을 H씨의 입관 때 관 속에 살짝 넣어주었다고 합니다.

12
존엄치료 Q & A: 요약을 대신하여

Q: 존엄치료에서는 질문이 미리 준비되어 있고, 면접을 녹음하고 축어록으로 만든 다음 정리하는 것뿐이니까 누구든지 할 수 있는 것이 아닐까요?

A: 원저에서도 연구에 참여한 간호사에 의해 실시되었으니까(제3장 참조), 임상심리사 혹은 정신과 의사가 아니면 불가능한 것은 아닙니다. 다만 편집 작업과정에서 문서의 매력은 상당히 바뀔 수도 있습니다. 무라카미 하루키가 지하철 사린 사건의 피해자 인터뷰를 정리한 저서 『언더그라운드』에 대해 말한 것('서론'의 인용문 참조)이, 여기에서도 동일하게 해당된다고 생각합니다.

Q: 내담자는 어떻게 모집하면 좋습니까?

A: 종합병원이면 병원 내의 의사나 간호사에게 존엄치료에 대해 알려서 담당자들이 언제라도 제공할 수 있다는 사실을 잘 아는 것이 중요합니다(부록 참조). 함께 연대해 가는 것이나 상담 문화가 충분히 형성되어 있지 않은 곳이라면 주치의가 소개해 줄 것이라는 기대는 별로 할 수 없을지도 모릅니다. 내 경험으로는 병원 내에 있는 윤리위원회를 통해 연구의 형태로 모집했던 것이 꽤 효과적이었다고 생각합니다. 의료 현장에서는 증거를 요구하기 때문에 그것을 제시할 수 있는 존엄치료는 심리를 담당한 사람이 아닌 의료 종사자에게도 상당한 설득력이 있다고 봅니다. 사례 5, 6, 8, 9, 11은 모두 존엄치료 목적으로 의뢰되었습니다(〈표 12-1〉 참조). 그런데 이처

〈표 12-1〉 존엄치료 목록(2006. 6.~2008. 9.)

사례	연령	성별	직업	암	소개 이유	문서	수신자	수록 장
1	59	F	주부	폐암	불안	4	남편	제4장
2	69	F	주부	자궁암	구토	3	남편	제5장
3	59	F	회사원	폐암	우울	2	애완동물	제6장
4	76	M	화가	악성임파종	존엄치료	4	아내	제7장
5	31	F	무직	위암	존엄치료	6	남편, 부모, 형제 등	
6	63	F	주부	악성임파종	존엄치료	4	남편	제8장
7	44	F	주부	유방암	우울	4	딸	제9장
8	72	M	자영업	식도암	존엄치료	6	자녀	제10장
9	38	F	무직	췌장암	존엄치료	5	부모	
10	46	F	의류	원인 불명	선망	3	모친과 전 아내 장남	
11	70	M	무직	위암	존엄치료	5	조카 → 질녀 → 남기지 않음	제11장

럼 누군가의 소개로 내게 오는 환자만 만났다면 2년 동안 약 500명 중 5명밖에 존엄치료를 시행할 수 없었다고 봅니다. 그건 100명에 한 명꼴입니다. 그렇다 해도 전국의 완화치료 제공자들이 그들의 환자에게 마약을 사용할 수 있는 것처럼 존엄치료를 시행할 수 있다면, 연간 약 30만이라는 암 환자 사망 수로부터 역산해 볼 때 3,000사례에게 존엄치료를 시행할 수 있다는 계산이 나옵니다.

Q: 어떤 타이밍에 존엄치료에 대한 언급을 하는 것이 좋습니까?
A: 원저에서는 앞으로의 삶이 약 반 년 정도 남아 있을 때라고 되어 있습니다. 그러나 일본에서는 환자들에게 남은 시간을 알리지 않는 경우도 많고 죽음을 금기시하는 풍토가 있다는 점에서 존엄치료를 언급하는 타이밍이 늦어지기 십상입니다. 사례 2와 환자의 경우 존엄치료 종료 일주일 뒤에 말기 선망이 출현하고 있습니다. 현실적으로는 방사선치료가 중지되어 그 나름대로 죽음이 현실적으로 다가온 시기라고는 생각합니다.

Q: 수신자는 중요합니까?
A: 매우 중요합니다. 이것이 회상법과 가장 큰 차이입니다. 사례 3에서는 애완동물 모두가 수신자로 지정되었지만, 이것은 유머가 아니며 삶의 뿌리와 관련된 주제입니다. 사례 7에서는 이혼 시 상대방에게 맡긴 장남의 경우에는 자기 의견을 굽히지 않은 것에 따른 불화가 있었기 때문에 문서가 장남에게 가

지 않았습니다. 그리고 장녀는 아직 어렸기 때문에 현 시점에 서 그녀가 이해할 수 있는 정도의 문서가 아니라 15세가 되었을 무렵에 이해할 수 있을 정도의 문서가 작성되었습니다. 또 사례 9는 약혼자에게 문서를 남길지 꽤 망설인 끝에 가족 앞으로 문서를 만들었습니다. 게다가 사례 10은 의료진에게 이혼 사실에 대해 숨기고 있었지만, 면접 중에 헤어진 아내가 있는 것을 처음으로 언급하면서 자신의 모친만이 아니라 전 아내와 장남도 수신자에 포함할 것을 결심한 후 다시 녹음 면접을 시행했습니다. 사례 11에서도 당초 자신의 양자인 조카를 수신자로 하는 문서가 작성되어 대단히 감동적인 문서가 작성되지만, 그녀는 그것을 조카에게 남기는 것이 어딘가 맞지 않는다고 느끼면서 존엄치료를 소개해 준 질녀 앞으로 녹음 면접을 다시 실시했습니다. 그런데 막상 녹음을 시작하자 그것도 어딘가 다르다고 느끼면서 문서 작성을 중단했습니다.

Q: 유서와 같은 이미지 때문에 무섭게 여기거나 싫어하는 경우는 없었나요?

A: 죽음에 임박해서 쓰는 편지이기에 아무래도 유서의 이미지는 있는 것 같습니다.

Q: 주부들에게도 질문에 대답이 될 만한 성취가 있을까요?

A: 읽으셨던 대로입니다.

Q: 유머는 어느 정도 문서에 포함시켜야 할까요?

A: 조심스럽게 하는 것이 중요하고, 당사자에게 점검받는 것이 좋겠지요.

Q: 편집 시 문서의 내용을 임의로 넣거나 빼는 선택을 할 수 있습니까?

A: 기본적으로 부정적인 감정이 표현되었을 때는 삭제하거나 순화된 표현으로 바꾸고 당사자의 양해를 구합니다.

Q: 문서화된 것을 당사자 이외의 사람들이 읽는 것은 어떤 영향이 있습니까?

A: 소중한 사람의 수만큼 직접 문서를 남기는 것의 이득은 큰 것 같습니다. 우리 병원에서는 입원 환자의 경우 입원 진료 기록에도 복사물을 첨부할 수 있도록 허가를 받기 때문에 의료 종사자, 특히 간호사가 말기의 정신치료적 원조의 가능성을 실감하는 데 큰 효과가 있습니다. 이를 계기로 죽은 환자의 죽음에 이르는 과정을 관계자가 모두 모여 되돌아보는 사망 관련 컨퍼런스도 개최되었습니다. 또 인터넷상에서의 일반 공개가 허가되었기 때문에 그것을 보고 존엄치료를 직접 희망하는 분도 있었습니다(사례 5). 덧붙여서 사례 4와 같이 비슷한 경험을 하는 사람과 연대를 제공하여 새로운 존엄을 유지하도록 연결할 수도 있으므로 문서라는 수단은 중요하겠지요.

Q: 존엄치료라는 치료적 형태를 갖추지 않고, 부담 없이 병상 곁에서 만나면서 존엄치료에 관한 질문을 하는 것은 어떻습니까?

A: 초치노프의 '존엄을 지키는 케어'(제2장)에 언급되어 있듯이 원래 말기 케어를 보다 정교하게 돕기 위한 질문이기 때문에 여러 가지 방법으로 많이 활용해야 한다고 생각됩니다.

Q: 문서가 아닌 녹음된 테이프를 유족에게 그대로 건네주는 편이 좋지 않을까요?

A: 원저에서는 녹음테이프는 전해 주지 않는다는 서약을 받고 연구를 진행했어도 나중에 유족들이 그것을 가지기 원했기 때문에 그것이 하나의 딜레마였을 것이라고 생각합니다(McClement et al., 2007). '소리의 문화'와 '문자의 문화'에 대한 차이(オング, 1991)를 생각해 보면 전자만 우선시되는 것은 아니라는 사실을 알 수 있습니다. 다음의 토치키(栃木)의 아일랜드 체험은 존엄치료에도 그대로 적용될 수 있을 겁니다.

회화나 연주를 녹음한 것을 들을 때 우리가 반드시 느끼는 가벼운 실망은 오디오 기술이 소리를 둘러싸는 결국은 자장(磁場)과 같은 것을 있는 그대로 보존하거나 재현해 낼 수 없는 안타까움으로부터 오는 것일 것이다……. 문제가 되는 것은 현장에서는 생생하게 경험된 이야기나 연주의 호흡과 틈새다……. 재생된 틈새는 단조로운 침묵으로 변해 버리기 때문이다. 녹화하지 않은 테이프를 사람들 앞에 내놓도록 완성하기 위해서는 '장황하고' 짜임새 없는 부분은 편집

되거나 삭제될 운명에 있다.

－栃木 , 1998(p. 272).

 참고문헌

McClement S, Chochinov HM, Hack T, Hassard T, Kristjanson LJ, Harlos M: Dignity therapy: Family member perspectives. *J Palliat Med* 10(5):1076-82, 2007.

Ong WJ: *Orality and Literacy: The technologizing of the word.* Methuen, 1982. (桜井直文他 訳『声の文化と文字の文化』藤原書店, 1991)

栃木伸明 『アイルランドのパブから一声の文化の現在』 日本放送出版協会 , 1998.

　우리는 자신이 타인과 어떻게 다른지로 자기 자신을 정의하는 세상에 살고 있다. 그러나 나에게 있어 25년 가까이 계속해 온 완화치료, 그리고 보다 최근의 존엄치료를 통해 사람들은 상당히 공통된 것을 가지고 있다는 본연의 자세를 가지게 했다. 물론 우리 한 사람 한 사람이 다른 사람과 비교할 수 없는 특별한 자신만의 이야기를 가지고 있으며, 누구나 나도 그렇다고 단언할 것이다. 그렇지만 우리가 인간으로서 직면하는 난제의 상당수는 지리적 조건, 인종, 종교, 사회계급 그리고 경제적 상태에 좌우되는 것은 아니다.

　우리가 죽을 수밖에 없는 운명이라는 점에서는 모두가 동등하며, 이에 관한 한 어느 누구에게도 예외가 없다. 존엄치료의 개발 이래, 나는 전 세계를 다니며 존엄치료를 교육하는 특권과 큰 즐거움을 누려 왔다. 캐나다, 미국, 남아메리카, 유럽 국가들, 오스트레일리아, 뉴질랜드, 이스라엘, 중국, 대만, 싱가포르 그리고 물론 일본을 포함하여 완화치료를 배우는 사람들과 만날 때, 그들의 일과 관련하여 사람들이 어려워하는 사정이나 말기 환자가 직면하는 문제는 매우 비슷하다는 것을 알 수 있었다. 내가 교육을 행한 곳이 어디든 간에 환자는 두려움과 고통에 힘들어하고 있다는 이야기를 들었다. 인생의 마지막을 맞이한 사람들, 즉 모든 말기 환자가 겪게 되는 몇 가지 매우 중요한 심리적 · 실존적 · 영적 문제가 있었다. 거의 모든 사람이 직면하는 것은 불확실성에 대한 것인데, 스스로가 인생으로부터 이해한 모든 것을 단념해야 한다는 것에 대한 갈등일 것이다. 죽음을 가까이 한 사람들은 종종 자신의 인생이라는 여행을 되돌아보게 되는데, 대부분의 경우에는 거기서 의미를 발견해 내며, 이별의 순간이 언제든 자신에게는 삶의 목적이 아직 남아 있다고 느끼면서 그것을 찾아내려는 여정을 계속 하게 된다. 내가 객원교수로서 방문한 나라에서 만난 사람들은 그러한 여정의 마지막에 마침내 스스로를 기억해 줄 수 있다면 어떻게 기억해 주면 좋을지, 그리고 남겨지는 사람들이 자신 없이 어떻게 살아갈지에 대해서 자기 나름의 생각을 말했다.

존엄치료가 세계 각국에서 이처럼 열광적이며 긍정적으로 받아들여지는 것은 그것이 죽음을 앞두고 우리가 공유할 수 있는 일이기 때문은 아닐까? 오스트레일리아에서 죽어 가던 젊은 여성이 딸이 자신을 기억해 주었으면 하고, 어떤 특별한 추억을 남기고 싶어 했던 것을 기억한다. 뉴질랜드의 어떤 신사는 더 이상 자신에게 시간이 없는 것을 알고 자신의 삶을 기억해 가는 방법으로서, 또 이

제 곧 자신이 사라지고 없어져 버릴 세계에 남겨지는 가족들이 행복할 수 있도록 격려하는 수단으로서 존엄치료를 사용하기도 했다. 실제로 나는 추억을 남기면서 머지않아 남겨지게 될 사랑하는 사람들을 이끌어 주려는 사람들의 이야기를 많이 들었다. 애정을 표현하거나 이해와 용서를 구하는 데 존엄치료가 사용된다고도 들었다. 아마도 궁극적으로는 죽음을 초월하는 무엇인가를 남기려는 노력이었다고 생각한다.

이 책의 특별함에는 아이치현 암센터 중앙병원 완화치료과의 코모리 야스나가 선생님의 공이 컸다. 그의 노력과 헌신 덕분에 존엄치료에 참가한 몇몇 일본인 환자의 이야기가 드디어 일본의 독자들을 만날 수 있게 되었다. 더 말할 필요도 없이, 이러한 이야기가 독자 여러분의 마음을 움직이고 자극할 수 있기를 바란다. 그래서 바라건대 존엄치료에 대해서 그리고 말기 환자에게서 의미와 목적을 만들어 내는 방법에 대해 독자들이 더 배우고 싶다는 마음을 가질 수 있었으면 한다.

이야기가 반복되는 것 같지만, 존엄치료가 성공적으로 이루어지는가를 곰곰이 생각하다 보면 나는 이 접근의 어떤 요소가 치료적인지를 이해하고 싶은 기분으로 되돌아온다. 나는 존엄치료가 사람들의 역사, 핵심적 가치관, 소망, 꿈, 사랑하는 사람에게로의 희망이라는, 죽음도 초월하는 자신의 본질을 남기는 방법을 제공하는 것임은 알고 있다. 그러나 그 이상의 무엇인가가 있다고 생각한다. 내가 자주 목격하거나 듣게 되는 것은 환자들이 존엄치료를 하는 도중에 안락함의 근원, 즉 행복감을 가져다주는 자기다움을 회복해 간다는 것이다. 그들은 힘든 병에도 불구하고 침대 위에 앉아 있을 수 있는 에너지를 찾아내거나 자신의 이야기를 서로 나누며 마음을 열 수 있는 사람을 발견하게 된다. 그러한 특별한 반응을 일으키는 존엄치료의 치료적 요소에 이름을 붙여야 한다면, 나는 그것을 '긍정'이라고 부르고 싶다.

건강 케어의 맥락에서 본다면 '긍정'이라는 용어는 일반적으로 자주 사용되는 것은 아니며, 이는 완화치료에서도 마찬가지다. 한편 생명을 위협하면서 얼마나 살 것인지를 좌우하는 질병에 따른 난제의 하나가 상실이라는 것을 알고 있으며, 상실이 기능성뿐만 아니라 자기의 핵심을 엉망으로 만드는 것도 알고 있다. 죽음을 앞둔 환자가 직면하는 실존적 갈등의 본질은 자기다움을 유지하면서도 어떻게 상실을 받아들일 것인가다. 존엄치료는 내가 이와 같은 난제와 관련해 환자를 도울 수 있는 방법이 많다는 것과 그 열쇠는 긍정에 있다는 것을 깨닫게 해 주었다. 존엄치료가 적절한 수준에서 시행만 된다면 그것은 긍정의 진수가 될 것이다. 존엄치료를 받고 있는 환자가 분명히 갖게 될 메시지는 '당신은 중요합니다.' '당신의 이야기는 중요합니다.' '당신의 말은 경청할 만합니다.' 그리고 더나아가 '나는 당신과 당신이 나에게 이야기해 주는 것에 관심이 있습니다.' 등이다.

이 작업의 또 다른 시사점은 누구나가 이야기를 가지고 있다는 것이다. 이야기의 위엄으로부터도 존엄치료의 잠재적인 힘을 예측할 수 있다고 생각하지만, 위엄의 유무가 그렇게 중요한 것은 아니다. 사람들의 이야기에 귀 기울이면 사람들은 다양한 인생 행로를 걸어왔으며 저마다 다른 경험을 해 왔다는 것을 실감할 수 있다. 때로 표현할 수 없을 만큼의 기쁨도 있고, 어떤 때는 굴욕적인 슬픔도 있다. 풍요 속에서 누린 유복한 생활이 있는가 하면, 하루하루 겨우 사는 게 전부인 경우도 있다. 존엄치료가 위대한 공적을 칭송하거나 사회적인 공로를 인정하는 데 사용된다고 여겨지는가 하면, 극히 '개인적'이며 '평범한' 삶이라고 생각되는 것을 공유하는 데 사용되기도 한다. 존엄치료가 나에게 가르친 것이 있다면 그것은 보통의 인생 같은 건 없다는 것이다. 살아간다는 것의 본성은 놀랄 만한 것이며 누군가의 이야기, 특히 남아 있는 시간이 한정되어 있어서 온전하게 독특한 것이 된 개인적인 인생 여정에 관한 이야기를 듣는 것은 언제라도 의미심장하며 마음을 움직이는 귀중한 것이다.

전이성 전립선암으로 죽음을 앞둔 연로한 농부가 떠오른다. 그는 20세기 초 자신의 가족들이 개척자로서 캐나다에 왔을 때 겪었던 황무지에서의 고난에 대해 열정적으로 말했다. 죽음을 코앞에 둔 한 여성은 자신이 두 딸을 길러낸 것과 두 아이가 다른 사람의 손가락질을 받지 않는 훌륭한 성품을 지니도록 지켜봐 온 긍지에 대해 말했다. 또 내가 읽어 주는 자신의 존엄치료 문서를 들으면서 너무 많이 울었던 한 남성을 잊을 수 없다. 자신의 말이 문서화된 이상, 아이들이 언제나 아버지인 그를 생각해 낼 수 있다고 느꼈던 것이다. 그러나 모든 이야기가 아름답게 정리될 수 있는 것은 아니다. 삶이 얼마 남지 않았다고 판단하고 존엄치료를 할 마음을 가졌던 연로한 알코올 중독자가 있었다. 그는 아이들에게 자신이 선택한 인생보다 좀 더 현명한 길을 선택하도록 전하고 싶어 했다. 조금 거리를 두고 보면 모든 인생은 보통이거나 일반적인 모습을 하고 있다는 것은 사실이다. 그러나 가까이에서 보면 모든 삶은 세상에 존재하는 사람만큼이나 독특한 것이다.

어쨌든 자제라는 단어로 이 글을 마무리하는 것이 좋을 것 같다. 모든 환자가 존엄치료를 바라는 것도 아니며 또 필요한 것도 아니다. 만약 존엄치료의 핵심을 긍정과 자신을 기억해 주기 바라는 수단을 제공하는 것이라고 생각하면, 이 두 가지를 달성할 수 있는 방법은 여러 가지다. 예를 들면, 혼자서 죽어 가는 파일럿은 자신의 가족 개개인에게 목각 오브제를 만들어 줄 수 있다. 또 곧 할머니가 '될지도 모르는' 여성은 아직 태어나지 않은 손자 앞으로 몇 통의 편지를 남길 수 있다. 우리 모두는 매 순간 만나는 사람들 마음에 자신의 기억이 자세하고 영원히 남을 수 있도록 하는 독특한 방법을 찾아낼 수 있을 것이다. 단지 죽음을 앞둔 사람에게 당신이 소중히 생각하고 있다는 것을 알려야 하지 않겠는가. 그들이 사랑받고 있으며 그들의 의견은 지금도 변함없이 중요한 것임을 알려야 할 것이다. 말이 믿을 만한 것이라면 긍정의 메시지가 전해질 것이다. 「존엄과 보는 사람의 눈」이라는 논문(제1장)에서 언급한 것처럼, 환자는 메시지를 전하는 사람의 눈에 비치는 것을 본다. 왜냐하면 영예와 존경 그리고 가치라는 것이 계속해서 느껴지고 있음을 긍정적으로 확인하고 싶어 하기 때문이다.

일본에 있는 친구, 동료 그리고 독자들에게 행운을 빈다. 이 책에 소개된 이야기를 통해 모두가 '존엄을 지키는' 완화치료의 제공 시 보다 지속적으로 장점을 추구해 가도록 노력하기를 바란다.
그리고 행복과 평화 속에서 앞으로 나아가기를 바란다.

2010년 12월

하비 맥스 초치노프

부록

존엄치료 추후조사(일본어판)

우리는 당신의 소중한 사람이 참가한 이 프로그램에 대한 당신의 느낌과 반응에 큰 관심을 가지고 있습니다. 아래 질문에 답해 주신다면 매우 감사하겠습니다.

1. 문서는 어디에 보존되어 있습니까?

_____

_____

_____

2. 당신의 소중한 사람은 돌아가시기 전에 문서를 받아 읽어 볼 기
   회가 있었습니까? 만약 그렇다면 몇 번 읽었습니까?

   _____

   _____

3. 문서는 몇 부 복사되었습니까?

   _____

   _____

4. 당신은 언제 처음으로 문서를 읽었습니까?

   _____

   _____

5. 몇 분의 문서를 읽었습니까? 그 문서의 주인은 누구였습니까?

   _____

   _____

6. 당신은 어느 정도 자주 문서를 읽거나 보십니까? 그 빈도는 시간에
   따라 변합니까?

   _____

   _____

이 프로그램이 당신의 소중한 사람에게 어떻게 도움이 되었는지 당신의 생각을 묻고 싶습니다. 아래 질문에 '매우 그렇다' 부터 '전혀 그렇지 않다' 까지 당신의 의견에 가장 적합한 것을 하나 선택하여 대답하여 주십시오.

1. 이 프로그램이 당신의 소중한 사람에게 도움이 되었다고 생각합니까?

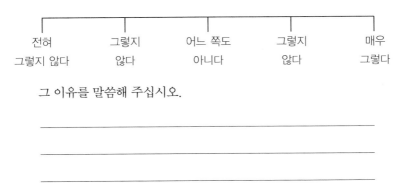

전혀	그렇지	어느 쪽도	그렇지	매우
그렇지 않다	않다	아니다	않다	그렇다

그 이유를 말씀해 주십시오.

_____

_____

_____

2. 이 프로그램은 당신의 소중한 사람의 생활의 목적 혹은 인생의 의미를 높이는 데 도움이 되었다고 생각합니까?

전혀	그렇지	어느 쪽도	그렇지	매우
그렇지 않다	않다	아니다	않다	그렇다

그 이유를 말씀해 주십시오.

_____

_____

_____

3. 당신은 이 프로그램이 소중한 사람의 존엄을 높이는 데 도움이 되었
   다고 생각합니까?

| 전혀
그렇지 않다 | 그렇지
않다 | 어느 쪽도
아니다 | 그렇지
않다 | 매우
그렇다 |

그 이유를 말씀해 주십시오.

_____

_____

_____

4. 당신의 소중한 사람이 죽음을 준비하는 데 이 프로그램이 도움이
   되었습니까?

| 전혀
그렇지 않다 | 그렇지
않다 | 어느 쪽도
아니다 | 그렇지
않다 | 매우
그렇다 |

그 이유를 말씀해 주십시오.

_____

_____

_____

5. 당신의 소중한 사람에게 이 프로그램은 통증 조절과 같은 정도로
   중요한 치료의 한 요소였다고 생각합니까?

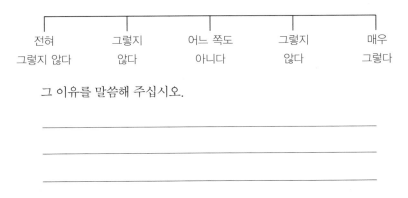

| 전혀 | 그렇지 | 어느 쪽도 | 그렇지 | 매우 |
| 그렇지 않다 | 않다 | 아니다 | 않다 | 그렇다 |

그 이유를 말씀해 주십시오.

_____

_____

_____

6. 이 프로그램이 소중한 사람의 고통을 완화시키는 데 도움이 되었
   다고 생각합니까?

| 전혀 | 그렇지 | 어느 쪽도 | 그렇지 | 매우 |
| 그렇지 않다 | 않다 | 아니다 | 않다 | 그렇다 |

그 이유를 말씀해 주십시오.

_____

_____

_____

7. 그 외에 이 프로그램이 소중한 사람에게 도움이 되었다든지 영향을 미친 점이 있다면 말씀해 주십시오.

_____

_____

_____

이 프로그램이 당신 혹은 당신의 가족에게 어떻게 도움이 되었다고 생각하는지 당신의 의견을 말씀해 주십시오.

8. 이 프로그램의 문서는 당신(또는 가족)이 상을 치르고 있는 동안에 도움이 되었다고 생각합니까?

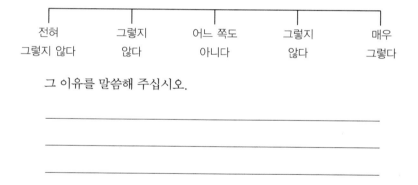

전혀 그렇지 않다	그렇지 않다	어느 쪽도 아니다	그렇지 않다	매우 그렇다

그 이유를 말씀해 주십시오.

_____

_____

_____

9. 이 프로그램은 당신이나 가족에게 계속해서 평안함의 근원이 된다고 생각합니까?

전혀 그렇지 않다	그렇지 않다	어느 쪽도 아니다	그렇지 않다	매우 그렇다

이유를 말씀해 주십시오.

_____

_____

_____

10. 당신은 말기 질환을 가지고 있는 다른 환자 혹은 가족에게 이 프
　　로그램을 추천하고 싶습니까?

```
┌──────────┬──────────┬──────────┬──────────┐
```

| 전혀 | 그럴지 | 어느 쪽도 | 그렇지 | 매우 |
| 그렇지 않다 | 않다 | 아니다 | 않다 | 그렇다 |

그 이유를 말씀해 주십시오.

_____

_____

_____

11. 이 프로그램을 개선하는 데 있어 어떤 좋은 방법을 가지고 있으
　　시면 말씀해 주십시오.

_____

_____

_____

12. 이 프로그램에 참가해서 가족이 어떤 부적당한 경험을 하셨다면 말씀해 주십시오.

_____

_____

_____

13. 이 프로그램에 참가함에 있어 어떤 부정적인 영향이 있었다면 말씀해 주십시오.

_____

_____

_____

14. 이 프로그램이 당신 혹은 가족에게 어떻게 도움이 되었는지에 대한 의견이 있다면 말씀해 주십시오.

_____

_____

_____

● 내 용 ●

● 저자 소개 ●

• Komori Yasunaga(小森康永)

1960년 기후현 미노시 출생
1985년 기후 대학교 의학부 졸업
이후 10년간 동 대학 소아과에 재직하며 주로 정서장애아의 진단에 종사
도토리 대학교 뇌신경 소아과, 캘리포니아 주 팔라알토 MRI 등에서 연수
1995년 나고야 대학교 의학부 정신과와 아이치현립 시로야마병원 근무
현재 아이치현암센터 중앙병원 완화치료과 정신종양진단과 과장

〈편저서〉
『ナラティヴ実再訪』(金剛出版, 2008)
『緩和ケアと時間』(同上, 2010)

〈역서〉
『治療に生きる病いの経験』(マクダニエルほか 編, 創元社, 2003)
『人生のリ・メンバリング』(ヘツキとウインスレイド, 金剛出版, 2005) 외 다수

• Harvey Max Chochinov

1958년 캐나다 마니토바 주 위니펙 출생
1983년 마니토바 대학교 의학부 졸업
1987년 마니토바 대학교 의학부 정신과 조교수
현재 마니토바 대학교 의학부 교수(정신의학, 지역보건과학, 가정의학, 완화치료과),
      마니토바 완화치료연구시설 암케어 마니토바 소장

〈편저서〉
『緩和医療における精神医学 ハンドブック』(内富庸介監 訳, 星和書店, 2010)
Handbook of Dignity Psychotherapy (Oxford University Press, in press) 외 다수
전문지 *Palliative and Support Care* (Cambridge University Press)의 편집자
150편에 달하는 논문 발표

◐ 역자 소개 ◐

· 김유숙

　　일본 동경대학교 의학부 정신위생교실(보건학박사)
　　가족치료 슈퍼바이저, 가족상담 지도감독자
　　놀이치료 교육전문가, 모래놀이치료 지도감독자
　　현재 서울여자대학교 교육심리학과 교수

〈저서 및 역서〉
　　가족치료(개정판, 학지사 2002)
　　가족상담(2판, 학지사 2006)
　　심리치료와 사회구성주의(역, 학지사, 2004)
　　이야기치료(공역, 학지사, 2009) 외 다수

존엄치료

소중한 사람에게 편지를 쓰자

Introduction to Dignity Therapy

2011년 5월 20일 1판 1쇄 인쇄
2011년 5월 25일 1판 1쇄 발행

지은이 • Komori Yasunaga · Harvey Max Chochinov
옮긴이 • 김유숙
펴낸이 • 김진환
펴낸곳 • (주)**학지사**

　　　　　　121-837 서울특별시 마포구 서교동 352-29 마인드월드빌딩 5층
대표전화 • 02)330-5114　　팩스 • 02)324-2345
등록번호 • 제313-2006-000265호
홈페이지 • http://www.hakjisa.co.kr

ISBN 978-89-6330-682-7 93180

정가 13,000원

역자와의 협약으로 인지는 생략합니다.
파본은 구입처에서 교환해 드립니다.

이 책을 무단 전재 또는 복제 행위 시 저작권법에 따라 처벌을 받게 됩니다.

인터넷 학술논문 원문 서비스 **뉴논문** www.newnonmun.com